JN278523

運命事典

The Secret Language of LUCK

ゲイリー・ゴールドシュナイダー　杉田七重＝訳

~Gary Goldschneider~

Kadokawa Shoten

運命事典

謝辞

本書のために多くの支援と励ましをくれた、

スーザン・ピーターセン・ケネディ、エイミー・ハーツ、

マーク・ヘイリンガーに感謝します。

特にエディターのエイミー・ハーツには、執筆を最後まで見守り、

貴重なアドバイスと深い洞察を与えてくれたことに、感謝を捧《ささ》げます。

また完ぺきな原稿整理をしてくれた、シーラ・ムーディにも御礼を。

そしていつものように、リテラリー・エージェントであり、

友人でもあるノア・リュークマンに、謹んで感謝を申し上げます。

そしてわたしの妻、ベルト・マイヤーにも。

きみがいろいろ気を遣ってくれたおかげで、

楽しく、くつろいだ気分で執筆できた。

ありがとう。

THE SECRET LANGUAGE OF LUCK

by

Gary Goldschneider

Copyright © 2004 by Gary Goldschneider

Some of the illustrations were selected and reproduced from

The Secret Language of Birthdays and *The Secret Language of Destiny*,

both by Gary Goldschneider and Joost Elffers. Copyright © Gary Goldschneider

and Joost Elffers, 1994, 1999.

Japanese translation rights arranged with

LUKEMAN LITERARY MANAGEMENT LTD.

through Owl's Agency Inc.

Translated by Nanae Sugita

Published in Japan

by Kadokawa Shoten Publishing Co.,Ltd.

目次

献　辞

エリス・デュメートルに捧げる。
彼女を知る者はみな、
その素晴らしい人生に
励まされてきた。

はじめに

「グッド・ラック！」日常のあちこちでかわされる、あいさつの言葉。陽気な響きのなかに、相手の幸運を祈る気持ちがこめられています。ところでその幸運は、どこからやってくるのでしょう。古くから人々は、木星が幸運を司《つかさど》っていると考えてきました。木星（Jupiter）は、ローマ神界の主神、ジュピターにちなんで名付けられた惑星。ギリシア神話のゼウスと同じ、神々の主《あるじ》で天の支配者です。ギリシア時代、ローマ時代、中世、現代と、西洋では二千五百年にわたって、木星を幸運と結びつけてきました。

そしてその対極に置かれたのが土星。木星は楽観的、土星は悲観的（見方によっては現実的）というように、両者はつねに、正反対の人生観を象徴してきました。特に過去の時代においては、不運から悪魔崇拝まで、土星はあらゆる不吉な物と結びつけられてきました。しかし現代の占星術では、自分の行動に責任をとり、冷酷な運命にも立ち向かっていく惑星、そんなとらえ方が有力になっています。一方木星の好ましいイメージは、古代ギリシア・ローマの時代からほとんど変わっていません。神々の主であるジュピター(Jupiter)は、別名ジョブ(Jove)とも呼ばれ、「jovial（陽気な）」という言葉も、「By Jove!（おや、まあ！）」というユーモラスな表現も、木星から派生したものです。

木星は、太陽系最大の惑星であることから、大きな考え、発展的な物の見方を表し、ひいては幸運を象徴するようになりました。本書では、古代ギリシアで大事にされたカイロスという概念を基本においています。カイロスは、ある行動を起こすのに最適な時期をいい、占星術をはじめとして、他のさまざまな占いでも非常に重視されています。これを活用すれば、最適な時期に事を起こして成功に導き、悪い時期を避けて大失敗を防ぐことができるのです。

このカイロスを暗示するのが、木星や土星の位置。この先、木星から有利な影響が得られるのはいつで、土星から不利な影響を被るのはいつか。木星、土星の位置を調べれば、幸運、不運のやってくるときをあらかじめ察知することができるのです。不利な時期には慎重に事を運び、いざ好機がめぐってきたら、ためらうことなく一気に行動に出る、そのタイミングが勝負です。また、生まれた時の木星、土星の位置は、その人の幸運、不運を生涯にわたって支配しますから、そこから得られる示唆もまた、大いに活用したいものです。さあ本書をひもといて、さっそく幸運の扉をあけましょう。

この本の使い方

人生には、大なり小なり、決断を迫られるときがあります。仕事、恋愛、家庭、健康と、その場面はさまざまです。いざ心を決めて行動に出た結果、何もかも順調にいく。それは運が味方したのかもしれません。逆に、どう考えてもうまくいくはずだったのに、なぜかいろいろ支障が出て、そうはいかなかった。不運をもたらす土星の影響か、あるいはただ単に、その時期が自分にとって格別運のいいときではなかったのかもしれません。では、運を最大限に生かすにはどうしたらいいのか。それが本書のテーマです。世の中全般を支配する運の流れと、誕生日によってちがってくる、人それぞれの運と不運。それらについて詳しく知ることで、運を自分の味方につけることができます。

本書では一般の占星術とは少々ちがう方式をとっています。十二宮（双子座や水瓶《みずがめ》座や蠍《さそり》座など）をもとにしているところは同じですが、さらに**それをパーソノロジー（人格学）に基づいて48期に分割することで、個人の運勢について、もっと細かな部分まで詳しく知ろうというのです。**

昇進を願い出るのに最適な時期は？　恋愛、転職、資金の運用、その他さまざまな分野における好機は？　自分の運をさぐり、それを最大限に生かすことで、成功を導く。そのために、本書を次の２通りの方法で活用してください。

まずはあなたの出生時に木星がどこにあったか、巻末（309ページ）の木星表でみつけます。誕生日に対応する木星の期番号がわかったら、本文の「木星」の章で該当する番号の解説を読む。あなたが生まれてから死ぬまで、いつ、どんな幸運がついてくるかがわかります。運があなたにもっとも強く味方する「幸運の７週間」もリストアップされていますから、ぜひ活用してください。

木星の影響がわかったら、次は不運をもたらすとされる土星の影響を調べましょう。巻末（321ページ）の土星表で、あなたの出生時に土星がどこにあったのかを調べます。誕生日に対応する土星の期番号がわかったら、本文の「土星」の章で、該当する番号の解説を読む。あなたの人生に、いつ、どんな困難や障害が発生しやすいかを知ることができます。以上がひとつめの活用法です。

もうひとつ、本書を将来の大事なイベントのために活用する方法があります。たとえば、どうしても失敗したくない仕事の面接が控えている。あるいは、パーティーやバカンスの計画を立てたい。そういう場合、すでに日取りが決まっていたら、木星表を使って、その時期の運勢を調べておくのです。それがあなたの「幸運の７週間」のどこかにあてはまっていたら、しめたもの。物事はあなたに有利に運びそうです。そうでなかったとしても、その時期の運の流れをよく理解しておくことで、事態をいい方向へ向かわせることは可能です。土星は不運をもたらす惑星といわれますが、あらかじめ、どのような不都合がおきやすいのかを知っておけば、対処もしやすいというものです。また、土星のネガティブな影響があまりに強いとわかったら、いっそのこと、イベントの日を別の日に動かすことも選択肢のひとつ。その前後の木星・土星の配置を調べ、もっと運のいい日に変更できないかどうか考えてみましょう。

本書は自分以外の人にも使えますし、過去、現在、未来、いずれの時についても調べることができます。あの時はどうしてうまくいき、この時はどうして失敗したのか。そのときどきの運の流れを調べることで、過去の出来事を深く理解する手だてが得られます。これは未来についても同様で、将来自分に訪れることになっている数々の幸運についてあらかじめ心の準備をしておけば、最大限に活用することができます。

占星術では、出生時に十の惑星（太陽、月、水星、金星、火星、木星、土星、天王星、海王星、冥王星《めいおうせい》）が天空でどのような配置にあったかを正確な図にして、十二宮との関連を示します。これがバースチャートとか、ホロスコープと呼ばれるもの。あなたが生まれたとき、金星は乙女座にあったとか、冥王星は蠍座にあったという具合に、それぞれの惑星が、どの星座にあったかを問題にします。

十の惑星は、それぞれの速度で黄道《こうどう》十二宮（星座）を進みます。太陽は、一年で十二宮をひとめぐりするのに対して、木星は十二年、土星は二十九年半、天王星は八十四年かけてまわります。ただし木星、土星、天王星をはじめとする他の惑星（太陽と月を除く）は、ときに十二宮を逆行してみたり、変則的な動きをしたりすることがあります。そのため、ある期間について、惑星の位置を特定するのが難しくなる場合もあります。

同じように、パーソノロジーで考える48期のサイクルを進む際にも、惑星が各期で過ごす時間は、それぞれの速度と、変則的な動きに左右されて異なってきます。**パーソノロジーでは、惑星の位置を48期で見ていくので、十二星座で考えるよりも、より特化した情報を得ることができます。**占星術では、「金星が乙女座にある」というところを、パーソノロジーではさらに細かく、「金星が乙女座１期にある」とか、「乙女座と天秤《てんびん》座のカスプにある」、といいます。**カスプというのは、ふたつの星座の中間の位置で、いわば両星座の影響が重なり合う部分**。星座が十二あるので、カスプもまた十二あります。さらに一星座を三つの期間に分割し、カスプにも、そのひとつ分とほぼ同じ期間をあてる。これで十二星座を、48期に置き換えることができます。パーソノロジーは、占星術を否定したり、排除したりするようなものではありません。実際、両者のサイクルは重なり合っているのです。ただパーソノロジーの場合は、そのサイクルを細分化することで、より特化した詳しい情報を得ようというわけです。

「わたしは牡《お》羊《ひつじ》座」などといいますが、これはその人が生まれたとき、太陽が牡羊座にあったということ。パーソノロジーでも、「牡羊座１期生まれ」、「牡羊座と牡牛座のカスプ生まれ」というのは、あなたの出生時に太陽がそれぞれの期にあったということです。しかしながら本書では、太陽の位置ではなく、木星と土星の位置を考えています（太陽宮に関する情報は、既刊『誕生日事典』をご覧ください）。つまり、本書で誕生日をもとに調べていくのは、自分に生涯めぐってくる幸運（木星の影響）、不運（土星の影響）を知るためであって、人格（太陽の影響）を探るためではないということを忘れないでください。

309ページと321ページからはじまる表を使うと、1900年から2020年までのどんな日についても、48期のどこに木星や土星があるのかがわかるようになっています。たとえば自分の誕生日を調べてみると、あなたの出生時に木星と土星がどのような影響を及ぼしていたかがわかります。この期の木星の影響は、あなたの全生涯に及び、困ったときにいつでも力を貸してくれます。同様に、あなたが生まれたときの土星の位置（土星の影と呼ばれます）を知ることで、将来直面しやすい困難や問題に対して、あらかじめ警告を得て、心の準備をしておくことができます。先々、大事な人と会う予定があるけれど、日取りをいつにしたらよいか。心惹《ひ》かれる異性に、電話や手紙でコンタクトをとりたいが、いつ行動に出るのが最適か。あるいは、すでに決まっているイベントの日の運勢がよくないが、それでもできるだけいい結果を導くにはどうしたらいいか。いずれの場面においても、本書が役立ちます。

上司に昇進を願い出たいが、いついいだそうか迷っているなら、とりあえず手近な日時を一通りにらみ、それぞれの日の木星の位置を巻末の表で調べます。さらにその期について本文の解説にあたり、その時期にどんな幸運が期待できるか読んでいきます。しかしどうやらこの時期は、昇進や金銭面で、あまり幸運は期待できないとわかる。そうなったら今度は、数週間先、あるいは数カ月先までをにらみ、木星が昇進や金銭面に幸運をもたらしてくれる日をさがします。こんなふうにすれば、ずっといいだせなかった昇給の願いも、希望の通りやすい日をみつけて交渉に乗りだすことができます。

あるいは、バカンスの計画を思い立ち、仮のスケジュールを立てたとします。しかしその日取りでほんとうにいいものか、自信がない。休みがとれるのは、今年の春から秋までと決まっている。そんなときも木星表を使って、出かけられる期間が木星の何期にあたるか番号を調べ、その期について、本文で詳しい解説にあたります。バカンスの日取りは決まっているけれど、どこへ行って何をするか、中身が決まっていない。そんなときも、木星の位置がポイントになります。バカンスの日が木星の何期にあたるかを調べて解説を読めば、その時期に最高のアクティビティについて、たくさんのアイディアが得られることでしょう。

こんなふうに本書を使えば、昇進、転職、恋愛、大事な友人関係などについて、常日ごろから、ああしたい、こうしたいと考えていたことを、最適な時期に実行することができます。結婚の時期、子供を産む時期についても同じです。また、ある時期について、何か問題や面倒なことが起こりそうな予感がしたら、今度は土星の影響を調べてみましょう。巻末の土星表で、土星の位置を調べ、それに対応する本文の解説を読めば、その時期直面しそうなネガティブな問題がどのようなものか、詳しいことがわかります。ある問題で心を決めなければならないというとき、さまざまな情報にプラスして、木星のよい影響と、土星の悪い影響をはかりにかけることで、より適確な判断を下すことが可能になります。

各期には、1～48までの期番号とともに、「再生のカスプ」、「子どもの期」といった名前がついています（各期の番号と名前は、巻末329ページの付表に載せてあります。全体の流れをざっと眺めてみたい、あるいは特定の時期について、期の名前や番号を参照したいときに利用してください)。木星表、土星表で、それぞれの惑星の位置について期番号を調べたら、次は本文の木星の章、土星の章にあたり、それぞれの招く幸運、不運について詳しく知り、どんな姿勢で受け止めればいいのか、考えていきましょう。

《注意》

誕生日をもとに、いきなり本文にあたらないこと。たとえば、自分は3月25日に生まれたから牡羊座1期（3月25日～4月2日）だとして、そのページを読めば自分のことが書いてあると思ってはいけません。本書が扱っているのは、**出生時の太陽の位置ではありません**（そちらに興味がある場合は、既刊『誕生日事典』を参照してください。出生時の太陽の位置——季節、星座、週、日——から、その日に生まれた人の人格を明らかにしています)。ここでは、ある特定の日の**木星と土星の位置**に基づいて、運の流れを考えています。よって、まず巻末の表で自分の誕生日なり、特に知りたい日なりについて、木星と土星の位置を調べることが先決で、それがわかった上で、本文にある該当部分の解説にあたります。つまり本書の場合、いきなり本文を読んでも意味がなく、まず巻末の表で、本文のどこを読めばいいのか調べることが先です。

【幸運をもたらす木星】

太陽系で最大の惑星である木星は、およそ十二年をかけて太陽のまわりをひとめぐりします。おおざっぱに考えて、十二宮の各星座に一年ずつ、48期の各期に平均三カ月ずつとどまることになります（各期にとどまる総合時間の平均は、３カ月。しかし巻末からはじまる木星表を見ればわかるように、木星がひとつの期にとどまる時間は、連続して一カ月から六カ月の範囲内でばらつきがあります。これは木星が、ときに逆行して進んだり、変則的な動きをしたりするためです）。十二星座をもとにする占星術より、48期をもとにしたパーソノロジーのほうが、より詳しく、特化した情報が得られる理由のひとつがここにあります。たとえば占星術では、「木星が牡羊座にあるときはこういう傾向が見られる」と、丸一年のあいだずっと同じ情報が有効なわけですが、パーソノロジーでは、「木星が子どもの期（牡羊座１期）に

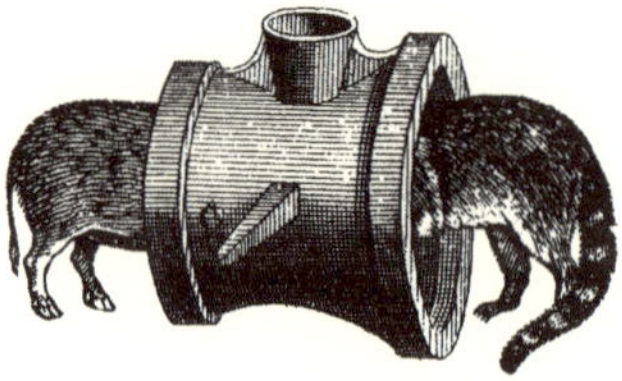

あるときはこういう傾向が見られる」というように、数カ月のあいだのみ有効で、それを過ぎたらまた変わる情報を提示します。この論でいくと、パーソノロジーの場合、木星の位置から得られる情報量は、従来の占星術のおよそ四倍にもなります。

自分が生まれたとき、木星はどこにあったのか。まずそこに興味を覚えたら、木星表で自分の誕生日をさがしてみましょう。そこでみつかる番号が、あなたの出生時に木星があった期を示し、ラッキーポイントと呼ばれます。すなわちこの期の木星の影響は、生涯にわたってあなたによい力を及ぼすわけで、物事を自分に有利に働かせるのに活用しない手はありません。たとえば、あなたが1970年の10月21日に生まれたとします。木星表（309ページ）で調べると、この日は31期。そこで木星の本文（137ページ）にある「31期」の解説を読んでみます。そこは「深さの期（蠍座２期）」という名前の期で、「内面を深く見つめよ」というタイトルがついています。ここには、あなたが生まれつき、どんな分野で幸運を授かっているか、その幸運を人生で最大限生かすにはどうしたらいいかが書かれています。そして最後に、「幸運の７週間」と題して、毎年変わらずあなたに幸運をもたらす七つの週がリストアップされています。これはもちろん、木星が毎年同じ時期に同じ位置にいるから、というわけではありません。一定なのは、これらの時期の太陽の位置。あなたが出生時に木星から授けられた、あるタイプ

の幸運エネルギーを太陽が増幅させることから、この七週間が特に幸運をもたらす時期となるのです。この七週間の各時期に期待できる幸運について、もっと詳しく知りたければ、巻末の付表でそれぞれの時期に相当する木星の期番号をみつけ、本文、木星の章にもどって、その番号の解説にあたります。

また、他人のラッキーポイントを知りたい場合も自分のときと同じように、その人の誕生日で調べていきます。さらに1900年から2020年までなら、過去、現在、未来のどの時点でも、特定の日について運の流れを調べることができますから、それをふまえて、幸運のエネルギーを上手に活用し、自分の大きな味方にしていきましょう（過去の出来事についても、それが起きた日の運を調べることで、なぜあのときは事がうまく運んだのか、あるいは運ばなかったのかを解明する手がかりが得られます。その結果、自分の運について理解が深まり、ひいては木星のパワーを、将来より効果的に活用することができるのです）。

【土星の影】

環《わ》をもつ惑星として有名な土星は、二十九年と半年で太陽のまわりを一周します。つまり各星座で二年と半年を過ごすことになり、占星術で「土星が山羊《やぎ》座にある」といえば、その長い期間のあいだずっと、同じ情報が適用されることになります。一方、パーソノロジーの48期で見ると、土星は各期に平均して約七カ月半とどまる勘定になり（各期にとどまる総合時間の平均は、およそ七カ月半。しかし巻末からはじまる土星表を見ればわかるように、土星がひとつの期にとどまる時間は、連続して二カ月から十一カ月の範囲内でばらつきがあります。これは土星が、ときに逆行して進んだり、変則的な動きをしたりするためです）、「土星が山羊座２期にある」とか、「山羊座３期にある」というように、もっと狭い範囲に居場所を特定できます。結果、より絞り込んだ新たな情報を得ることができるのです。土星が占星術でひとつの星座を通過するあいだ（およそ二年半）、パーソノロジーでは四つの期を通過することになり、そう考えると現在の位置について、四倍量の具体的な情報を得ることができるわけです。

自分の生まれたときの土星の位置は、巻末の土星表で誕生日を調べてみればわかります。その日、48期のどこに土星があったかを、ここでも期番号で示しています。該当する本文を読めば、あなたが生涯直面しやすい問題や障害について、あらかじめ警告を得ることができ、ネガティブなエネルギーにどう対処すればいいのかがわかります。大事なのは、先々問題が起こるであろうことを、あらかじめ自覚すること。それを足がかりに、土星の影響を最小限に抑え、ときにそれを自分の都合のいいように利用してやるのです。

土星は手強《てごわ》い訪問者と考えてもいいでしょう。とことん厳しく、情け容赦をしない客。避けることは難しく、なだめたり、すかしたりという安易な手も通用しません。それでも土星の影響を小さくすることはできますし、逆にそれをこちらに有利な形で使うことも不可能ではありません。ちょうど柔道で、敵の攻撃力を逆手にとるようなもの。自由自在に手玉にとるのは難しいでしょうが、毎日の生活のなかで一見マイナスと思われる土星の影響を自分に有利に変えていく方法について、本書では数多くアドバイスしています。

土星の影響についてもやはり、自分だけでなく、他人についても調べることができます。また未来について調べれば、この先どんな困難が待ち受けているかをあらかじめ知ることができますし、過去について調べれば、あのときなぜうまくいかなかったのか、失敗の原因について理解を深めることができます。土星の影響について詳しく読んでいくのは、ときに辛《つら》いことに思えるかもしれません。しかし、そのパワーがどの程度のものであるか、それを理解しないでは、これから起こりうる災難にどう対処してよいものやら、具体的な対抗策を打ち立てることができません。

【パーソノロジーの仕組み】

パーソノロジーとはどんなもので、占星術とどうちがうのかという質問をよく受けます。占星術では、天空の十二星座から成る黄道帯を基礎に考えますが、パーソノロジーでは、生命全体をひとつの大きなサイクル（循環）ととらえ、四季、十二星座、48期、三百六十六日を円の枠組みで比較・研究します。とはいえ両者には、もっと根本的なちがいが別にあります。占星術は「理論」をもとにしていますが、パーソノロジーは「観察データ」をもとにしているということ。たとえば、誕生日別のパーソナリティ（人格）を導きだすには、まず何千という大勢の人々の誕生日を調べ、同じ日に生まれた人々に共通するデータを集めていきます。占星術では、星の理論から演繹《えんえき》して、たとえば獅子《しし》座生まれの人にはこういう傾向が、蠍座生まれの人にはああいう傾向があるはずだと、推測していきますが、パーソノロジーでは、７月23日から８月23日までのあいだ（獅子座）に生まれた著名人やごく一般的な人たちの伝記、その他のデータから、獅子座生まれの人たちが、実際にどういうパーソナリティであるかをまとめていきます。そんなふうにして、パーソノロジーでは、四十年にわたるリサーチで集めた観察データを活用し、ある特定の「週」や「日」にまで範囲を狭めて、そこに生まれた人々のパーソナリティを詳しく調べてきました。個人個人の差異は多数ありますが、それらをすべて無視して、共通する部分だけをすくいあげてきたのです。

さらにまた、占星術は天空のサイクルに着目していますが、パーソノロジーではこの地球に息づく生命のサイクルと向き合っています。パーソノロジーでいう生命のグランドサイクルは、あるレベルで占星術の十二宮と重なっていますが、それだけでなく、地上の四季、人間の年齢にも対応しています。たとえば、十二宮の最初の星座を例にとってみれば、これは占星術の牡牛座というだけでなく、さらに次の三つのレベルで説明できます。まず地上の四季では一年のはじまり。昼と夜の長さが等しくなる春分を境にこの星座がはじまることから、それがはっきりわかります。また人間の年齢でいえば、人の一生の最初の七年間ということで、子ども時代にあたります。さらにパーソノロジーの48期でいえば、「再生」のカスプ、「子ども」の期、「星」の期、「開拓者」の期、「力」のカスプという一連の期間にあたります。自然の循環、人生の循環、48期の循環——この三つのサイクルを統合して見ていくことで、パーソノロジーでは真に普遍的な観点、いいかえれば、自然的、人間的、宇宙的観点で、物を見ることができるわけです。

パーソノロジーにおいては、ふたつの星座が重なる部分、すなわちカスプが、それぞれの星座以上に重要視されています。実際、なかでももっとも重要な四つのカスプ——再生のカスプ、魔法のカスプ、美のカスプ、予言のカスプ——は、それぞれ、春分、夏至、秋分、冬至というように、この地球上の一年の節目と一致しています。季節は、こちらが完全に予測できる方式で、昼が長くなったり短くなったりしながら、絶えることなく繰り返しめぐり、パーソノロジーに揺るぎない基盤を与えてくれます。一年が十年になり、十年が百年になり、百年が千年になっても、ある特定の一日、一週間、一カ月、一季は、固有の特徴を保ち続けるわけです。パーソノロジーは占星術とちがって、天空よりも地球上の現象を基礎に考えられており、その地球志向ともいえる性格が、わたしたちの日常生活により密接にかかわってくるといえます。人は星座の次元で生きているのではなく、地球に毎年めぐってくる毎日を生きています。パーソノロジーでは、わたしたちの生活により密着した観察を行うことで、この地球上で起こる自然と人間の事象について、より精度の高い説明をつけることが可能なのです。

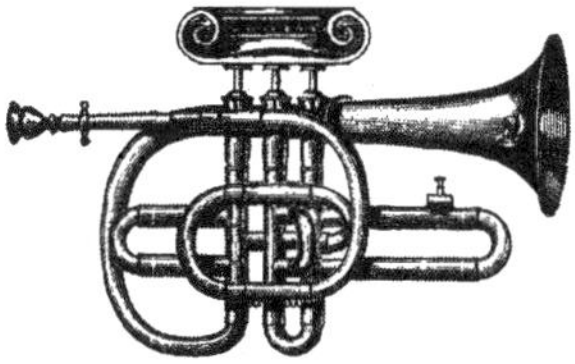

Part I

木 星

—幸運をもたらす惑星—

【木星の48期】

本文に入る前に、まず巻末の木星表で、自分の調べたい日について、木星がどこにあったかをさがしましょう。たとえば43という番号がついていたら、その日は木星が43期にあったということなので、このパートの43期の解説を読めばいいわけです。ここには、木星の１期から48期まで、番号順に解説が並んでおり、その日にどんな幸運が訪れるのか、その幸運を特定の活動に最大限に生かすにはどうしたらいいか、わかるようになっています。

自分の生まれた日の木星の位置（あなたのラッキーポイント）を知りたい時も、やはり巻末の木星表にあたって、出生時に木星が何期にあったかを調べます。たとえばあなたが1972年の１月５日に生まれたとします。木星表でみると、その日には36の番号がついているので、あなたは木星が36期にある時に生まれたことがわかります。このパートの本文36期の項を開き、「大きく考える」と題された解説を読みましょう。

また、来週に控えた上司との大切な面接で、木星のもたらす幸運を活用したい、というような場合も、まず巻末の木星表で、その日木星がどこにくるかを調べます。たとえばその日が、2008年の10月４日だとすると、木星は39期。そこで本文39期の項を開き、この大切な面接で幸運を最大限に活用する方法を考えていきます。

第1期
生まれ変わるとき

再生のカスプ
魚座–牡羊座カスプ

[この期の木星がもたらす幸運]

一年のこの時期ほど、新しいことをはじめるのにふさわしい時期はありません。過去に一度は挑戦したものの、うまくいかなかったこと、それにふたたび挑戦してみるのもいいでしょう。

前回は時期が悪かった、あるいはエネルギーが足りなかったために失敗したのなら、今がやり直しのチャンスです。

人間関係でも、この時期には今まで続いてきた関係に、新しいエネルギーを吹きこむ必要があります。愛を誓い直し、相手のことをさらに深く思い、慣れきった態度を改める。そんな必要に迫られているようです。

幸運への近道

率直、直観に優れる、情熱的

注 意

誤解されやすい、忍耐力に欠ける、現実離れしがち出生時に木星がこの期にあった人、すなわち「再生のカスプ」をラッキーポイントとする人は、毎年春のはじめに、成功のビッグチャンスが待っているようです。特に春分のときがねらい目。毎年この時期がいつも待ち遠しいと思うのは、自分に有利なときであると、心の底でわかっているからでしょう。

この期には新しい命を吹きこむことに幸運がついてまわります。たとえばドラマチックに変身する、新しいプロジェクトを開始する。子どもをもったり、養子を迎えたりするのにもいい時期です。

この期の木星のエネルギーは、過去の嫌な失敗は忘れて、未来へ向かって新たに成功を誓いなさいと、背中を押してきます。ちょうど新年の誓いをたてるときと同じです。実際この期は、占星術でもはじまりのときとされていて、古代に栄えた数々の文明も、決まってこの春のはじまりに、祝いの儀式を執り行ってきました。わたしたちもそれに倣い、今この時期を一年のはじまりとみて、自らにエネルギーを注ぎこんでみましょう。遥《はる》か昔の人々の素晴らしい知恵を、現代に受け継ごうというわけです。

「魚座–牡羊《おひつじ》座のカスプ」は、水や夢と関係深い魚座の特質と、牡羊座の火のような率直さを合わせもっています。よってこの期にある木星は、夢や空想も含めた情緒的なものと、即行動に結びつく激しい直感とのあいだを揺れ動くことになります。

ここで運を有利に働かせるには、流れに身を任せるのがいい場合もあれば、積極的に行動に出たほうがいい場合もあります。

大切なのは好機をつかむこと。行動を起こすのに最適なときを敏感に察知し、流れに身を任せるべきか、直感を信じて突っ走るかを見極めることです。その結果、たとえばいまから数時間、あるいは数分のうちに行動に出ることになるかも

魚座–牡羊座カスプの有名人

ユル・ブリンナー、フィデル・カストロ、ボブ・フォッシー、ジャンヌ・モロー、ティナ・ターナー、ハーヴェイ・カイテル、クエンティン・タランティーノ

しれませんが、たじろいではいけません。成功をつかむには、機敏さが必要です。

魚座は感情を大切にする水の宮に属し、牡羊座は行動的な惑星である火星に支配されていますから、この期に入った木星は、必要に迫られてばかりでなく、情に駆られて行動に出る人にもプラスの力を及ぼしてくれます。仕事でもプライベートでも、他の人々の願いに波長を合わせることで運が味方につき、最大の成功を得られるといえます。

大切なのは他者に共感を寄せること。まずは他人が自分に向かって発する言葉に、注意深く耳を傾けることからはじめましょう。さほど自分の態度や考えを曲げずにすむなら、反対の立場をとる意見ともなんとか折り合いをつけ、ときには相手の提案を実際に試してみるのもいいでしょう。

社交術を磨き、グループの一員として協調して働く能力を培うことで、成功のチャンスは拡大していきます。

そう、今はもっと楽観的になっていいときです。無理じゃないか、失敗したらどうしようかといった不安は、この際脇に置きましょう。

木星がこの期にあるとき、世界は高い理想を胸に勇気をもって行動する人間に味方します。過去にあった嫌な思い出は忘れ、一度自分を白紙にもどしてから、再スタートを切りましょう。失敗を恐れることなく、何も書かれていないまっさらな石盤に、これから新たな経験を刻んでいくのです。

この期をラッキーポイントとする人の

幸運の7週間

出生時に木星がこの期にあったなら、あなたのラッキーポイントは木星1期。次にリストアップした7週間は、あなたの幸運期として、毎年変わらず運が味方してくれることでしょう。

3月19日～24日	再生のカスプ	生まれ変わるとき
7月19日～25日	振動のカスプ	バランスをとる
11月19日～24日	革命のカスプ	ルールをゆるやかに
9月19日～24日	美のカスプ	美しく装う
6月19日～24日	魔法のカスプ	魔法をかける
12月19日～25日	予言のカスプ	水晶玉をのぞく
2月8日～15日	受容の期	戦わない

※ どの期においても、幸運の波に乗るには、それぞれの期の特徴をあらかじめ知っておくことが大切です。さらに詳しい解説にあたり、木星のもつ幸運のエネルギーを最大限に活用しましょう。

第2期
あどけなさの勝利

子どもの期
牡羊座１期

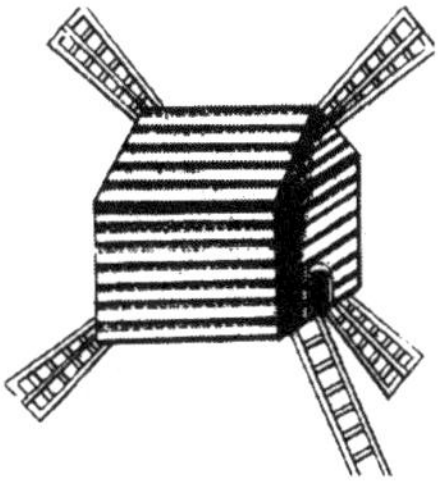

［この期の木星がもたらす幸運］

「子どもの期」という名前が示すように、この期は何にでも、まっすぐ無心に向かっていくことが幸運の鍵《かぎ》になります。出生時に木星がこの期にあった人はもちろん、そうでなくてもこの期に幸運を得ようと思うなら、だれもが同様のアプローチを心がけるべきです。どこまでも理想を追求しようとする姿勢は、たいがい周囲から認められ、それ相応の成果を得られるもの。それでもなかには、その熱意をわかってもらえない人がいることも心得ておきましょう。子どものように純真というと、だまされやすいイメージがありますが、そうではありません。こちらが無心で臨むからこそ、相手のガ

幸運への近道

ざっくばらん、のびのびと、ダイナミック

注　意

だまされやすい、横道にそれやすい、理想を追いすぎる

ードは緩み、物事がスムーズに運んでいくのです。もともとあなたのほうも、物事をやりとげる喜びを得たいだけで、よこしまな考えは抱いていないもの。ストレートでざっくばらんに考えを訴えれば、疑《うたぐ》り深い人も警戒を解き、すんなりわかってもらえるでしょう。

ここでは他人が一度失敗しても、二度目、三度目のチャンスを与えることで、相手はもちろん、いっしょに仕事をするあなた自身の成功のチャンスも拡大されるはず。さらに、そういったパートナーシップに幸運が舞い込むだけでなく、ひとりで何かをやろうと思った場合も、有利な展開が期待できそうです。たとえば今、職場で窮屈な思いをしているなら、新しい仕事をさがすにはうってつけの時期です。自分が事業主になってしまう、あるいはそこまでいかなくても、もっと自主性を発揮できる仕事がないかさがしてみましょう。

この期をラッキーポイントとする人は、生まれながらのリーダーというより、むしろ自分の仕事をきっちりやり、その価値を組織のなかで認められて昇進していくケースが多く見られます。この期に木星があるときは、人を蹴落《けお》として成功をつかもうというのではなく、でしゃばらない控えめな態度で、まわりに好印象を与えることが大切です。たとえ強い野望を抱き、自信満々という人であっても、ここではそういったものを胸の奥にしまい、注目を浴びないようにすることが、成功の鍵となるでしょう。

ラッキーポイントであるなしにかかわらず、この期に木星から幸運を得たいと思う人は、何か心に強く感じてくるものがあったら、それに素直に従いましょう。この世に起こる奇跡の数々に目を開き、純粋な心で受け止めるのです。あなた個人の成功の鍵は、他人といかにいい関係を築けるかにあります。はじめのうちは、偽善者ぶっているだけだろうと眉唾《まゆつば》ものであなたを見ていた人たちも、その行動を繰り返し見ていくうちに、やはり本物だったと気づくはず。そこで信用を

牡羊座１期
の有名人

ガブリエル・ガルシア・マルケス、マリア・シャラポワ、デビッド・ベッカム、ニコラス・ケイジ、セルゲイ・ブブカ、ブラッド・ピット、KONISHIKI、ジェニファー・ビールス、坂本龍一

得て交際が深まっていけば、さらに強い絆《きずな》が結ばれていくでしょう。ただし、地平線上に嵐雲《しけぐも》が現れているのに、まったくのんきでいると、実際嵐になったときに大きな痛手を被るのはあなたなので、くれぐれも注意が必要です。

だれに対しても、会えば笑顔を絶やさず、心のこもったあいさつをする。それもまた木星が「子どもの期」にあるときに心がけたいこと。もし相手が不愉快な顔を見せたり、皮肉な反応を返してきたりしたら、それは向こうが問題を抱えているという証拠です。それに対してあなたがむきにならず、相手の気持ちを酌んでやることが大切です。そうこうしていくうちに、やがて相手が味方につくかもしれません。この期の木星は、本来激しい自己主張を好まないので、お互い邪魔せずにやっていこうというアプローチが成功の秘訣《ひけつ》。こちらの努力がどうしても相手に伝わらないときには、引き際を心得ることも肝心です。

なお、この期の木星にあまり強く影響されるのは困ります。明らかな危険を無視し、他人に騙《だま》されても気づかない。それは現実がすっかり見えなくなっている証拠です。そうならないよう、誠実な友人の力を借りましょう。いつもあなたに率直な意見をいってくれる人、ときに厳しすぎるほどにまちがいを指摘してくれる相手に頼んで、自分が現実離れしていないか、定期的にチェックをしてもらうのです。またここでは、自己憐憫《れんびん》の罠《わな》にも要注意です。仕事で批難されたり、人づきあいで傷ついたりすると、とたんに悲劇の主人公になって、自分の世界にひきこもってしまうかもしれません。しかし、この期の木星はそういう人間に甘くなく、さっさと立ちあがってもう一度挑戦しろと発破を掛けてくるでしょう。少々傷を負っても、そうすることが賢明なのです。

この期をラッキーポイントとする人の

幸運の７週間

出生時に木星がこの期にあったなら、あなたのラッキーポイントは木星２期。次にリストアップした７週間は、あなたの幸運期として、毎年変わらず運が味方してくれることでしょう。

３月25日～４月２日	子どもの期	あどけなさの勝利
７月26日～８月２日	権威の期	下準備が肝心
11月25日～12月２日	独立の期	自分の力で
９月25日～10月２日	完全主義者の期	何事も正しく
６月25日～７月２日	共感の期	他人に心を寄せよ
12月26日～１月２日	支配者の期	支配権を握れ
５月11日～18日	自然の期	ありのままの自分で

※ どの期においても、幸運の波に乗るには、それぞれの期の特徴をあらかじめ知っておくことが大切です。さらに詳しい解説にあたり、木星のもつ幸運のエネルギーを最大限に活用しましょう。

第3期
輝け！

星の期
牡羊座２期

［この期の木星がもたらす幸運］

スポットライトを浴びるのは自分の柄じゃない。そう思いこんでいるあなたも、この時期はどうしても、日の当たる場所へ出ていくことになりそうです。今こそ自分の真価をみんなに認めさせるときだからです。

この期に木星があるときに生まれた人は、いずれ自分の野心に道を与えることになりますが、これまでずっとそれを見ないようにしてきた人は、心の内に隠された大きな望みを、ここで正面から見据えることが必要になります。「星の期」に木星がきたら、運命の女神がとっておいてくれた収穫を、最高の状態で刈り取ることができます。仲間内でも、職場で

幸運への近道

上昇志向、勇気、エネルギッシュに

注　意

お高くとまっている、いらいらする、何事も過剰になりやすい

も、中心的な役割を担うことで、大きな成功をつかみましょう。

かといって、映画スターやセレブの仲間入りをしろということではありません。あなたがそこにいて力を貸すことで、最良の結果が生まれる、いわば成功への梃子《てこ》や触媒になるのがいいでしょう。

表だったリーダーというよりは、陰の立役者です。人の注目を浴びることは、やる気のもとになりますが、この期の木星は、周囲に認められようとそうでなかろうと、家族や会社のために地道に働く人に微笑みます。この期に尽くした努力は後に必ず実を結びますから、遅かれ早かれ、みんなから認められ、しかるべきポジションにつけるのはまちがいありません。

牡羊座は、自分を知るということにかけては、あまり得意とはいえません。牡羊座２期に木星があるときに生まれた人、あるいはこの期に、重要な事が控えている人は、ひとりになって自分を見つめる時間を増やすべきです。

問題そのものに目を向けるのではなく、その問題を引き起こしている自分に目を向ける。どうしてそういう行動に出るのか、よく考え、その根っこに倫理的にほめられない動機がみつかったら、正しい方向に修正してやる。そんなふうにしていけば、人間的に成長し、成功が自然についてくるはずです。

これはつまり、本来の自分、あるいは、こうありたいと願う自分を見いだし、つくりあげていくプロセスです。順調に進んでいけば、他人の目にも、あなたが見てほしい通りの姿が映るようになるでしょう。

さらにこの期は、自分のかかわる活動に今まで以上に深くのめりこみそうです。やる気満々で、必要なお金はいくらでも惜しまない。しかも自分勝手に突っ走るのではなく、周囲の気持ちにも敏感になってじゅうぶんな配慮をする。よって

牡羊座２期の有名人

グレゴリー・ペック、ベルナルド・ベルトルッチ、ロビン・ウィリアムズ、エイミ・タン、ジョージ・マイケル、ジョニー・デップ、トム・クルーズ、ブリジット・フォンダ、マット・ディロン

地域社会でも、家庭でも、職場でも、あなたを支えにしたいと頼ってくる人がたくさん出てくるでしょう。

ただしこの期に木星のエネルギーを存分に生かして成功したいと思うなら、幸運に伴う責任も引き受けなければなりません。全力を挙げて物事にあたり、もしうまくいかなかったら、自ら批難の矢面に立つ覚悟が必要です。責められても決してうろたえず、おいそれとは、かっとしない。冷静に判断し、時には頑として一歩も譲らない。そういった態度を貫ければ、最後まで幸運から見放されることなく、やがて成功にたどりつけるはずです。

考えに考えぬき、これこそ正しい道と思ったら、とことん突き進む。そんなふうにして、人から尊敬される自分を培っていくこと、それがこの期の最終目標です。

もともとシャイで、控えめな性格だったとしても、この期に木星があるときは、かえってそれが、成功に向かって頑張るあなたのプラス要因になるもの。もっと我が強く、強引に物事を推し進める人は、ときに周囲との対立を招き、成功を邪魔されることもしばしばですが、あなたにはそういう心配がまったくないからです。人間関係の機微を知り抜き、交渉術に長《た》けた人は、野心丸見えの活動家より、ずっと簡単に成功への切符を手に入れることが可能です。集団の利を犠牲にしてでも、自分だけ出世しよう、私慾《しよく》に走ろうとする人には、この期の木星は味方しません。集団の幸せと個人の幸せはつねに手を携えてやってくるものだからです。

ここではリーダー役を一貫して断るという姿勢はいただけません。周囲があなたの価値を認め、成功には、ぜひともあなたの力が必要だといわれたら、ためらうことなく引き受けましょう。

この期をラッキーポイントとする人の

幸運の７週間

出生時に木星がこの期にあったなら、あなたのラッキーポイントは木星３期。次にリストアップした７週間は、あなたの幸運期として、毎年変わらず運が味方してくれることでしょう。

４月３日〜10日	星の期	輝け！
８月３日〜10日	バランスのとれた力の期	着実かつ誠実であれ
12月３日〜10日	創始者の期	新しい発想を
10月３日〜10日	社会性の期	もっと社会へ！
７月３日〜10日	型破りの期	堂々と自分流で！
１月３日〜９日	決意の期	本来の務めを越えて働く
11月３日〜11日	深さの期	内面を深く見つめよ

※ どの期においても、幸運の波に乗るには、それぞれの期の特徴をあらかじめ知っておくことが大切です。さらに詳しい解説にあたり、木星のもつ幸運のエネルギーを最大限に活用しましょう。

第４期
発言せよ

開拓者の期
牡羊座３期

［この期の木星がもたらす幸運］

思ったことをずばり発言し、職場や仲間内でリーダーシップを発揮する。この期に木星があるときは、そんな姿勢が幸運を呼ぶ鍵となります。どんな分野でも結構ですが、ワクワクすることや、やりがいのあること、面白いと思うことが見つかったら、他人もいっしょに巻きこんで熱中してみましょう。あなたの大胆さと自信がみんなに伝わっていけば、最高の結果が生まれます。この期には、目先しか見えない人、小心者、そしてあまりに用心深い人には、幸運は訪れません。この期の木星は、大事な活動を達成するために、ありったけの情熱を注ぎ、奔放にゴールをめざす人に幸運をもたらすか

幸運への近道

人を守る、寛大、恐れを知らない

注　意

現実離れしている、けっして譲らない、自分を犠牲にしがち

らです。しかし残念なことに、プライベートな人づきあい、特に恋愛に関しては、こういった態度は逆効果。見当はずれの突っ走り方をして、本来あったはずの成功のチャンスさえ、ふいにしかねません。

大切なのは、職場や社会での力の注ぎ方と、プライベートな場面でのそれをしっかり区別することです。この期に木星があるときに生まれた人は、自分の胸にきいてみてください。あなたには、どういう場面でも見境なく突っ走ってしまう傾向がありませんか？　もしそうなら、その前向きなエネルギーと情熱を悪用しようとする輩《やから》の、恰好《かっこう》の餌食《えじき》になりかねません。誕生日がそうでなくとも、この期に木星があるときはいつでも、情熱にふりまわされて本来の道を大きく踏み外すことのないよう、じゅうぶん注意する必要があります。

またこの期は、組織のリフォームに最適のときでもあります。どんな集団でも、改革しようと思えば、幸運が力を貸してくれるはず。過去に何度か、自分の属する集団や家庭の結束を新たにしたいと思ったことがあるなら、今が絶好のチャンスです。もちろん、今行動を起こさなかったからといって、悪運を呼びこむことにはなりません。とはいえ、今後めったにない素晴らしいチャンスを逃してしまうのはもったいないことです。またこの期には、あの人には物事を変える力があると信じて、まわりの人間があなたを頼ってくることが多くなります。これまで人をリードした経験などないというなら、これを最初の経験にしましょう。はじめるのに遅すぎることはありません。ここであなたに求められるのは、体を動かすよりも、頭を働かせること。みんなの努力が実を結ぶように、アイディアや計画を提供してやりましょう。

いうなれば、集団の士気を鼓舞してやることが成功の鍵となる時期。職場の同僚や仲間から高く評価されて満足が得られるのもこの時期です。みんながあなたの意見を重くみて、あなたの提示する計画や決断に熱心に耳を傾けてくれること

牡羊座３期の有名人

カーク・ダグラス、フランシス・クリック、アル・パチーノ、ホイットニー・ヒューストン、桃井かおり、トビー・マグワイア、ラルフ・シューマッハ、ケイト・ウィンスレット

でしょう。家庭においては、子どもの親、あるいは姪《めい》や甥《おい》の叔父《おじ》や叔母《おば》として、責任を担っているかもしれません。人はそういった家族のなかで、自らの人格を育《はぐく》み、責任感を養っていくわけですが、木星がこの期にあるときは特に、家族の幸せを願って前進すると、幸運が味方してくれるようです。

発言者になるためには、語るべき言葉をもっていなければなりません。ふだんから、頭に浮かんだアイディアや、さまざまな生活場面で感じたことを小まめに書き留めておきましょう。そうしてそれを折に触れて見返し、ひとつのまとまった考えや人生哲学に織り上げていけば、あとできっと役に立つはずです。逆にこういう日頃の努力を怠っていれば、当然ながら、その場で即席に話す内容を組み立てることになり、よい結果は呼びません。手書きのメモをパソコンに入力しておけば、あとでカテゴリー分けしたり、手直ししたりが自由にできるので、さまざまなトピックやテーマについて、練りに練った言葉をみんなに提供できるでしょう。

形のない夢を見ているばかりではなく、実際に理想を実現するために必要なことは何かを考える。この期の木星はそれをあなたに要求してきます。理想を現実にするためにはまず資金が必要。とりあえず余分なお金が出たら、少しずつでも貯蓄する、あるいは明確な目的に照準を合わせた公的貯蓄プランを利用するのもいいでしょう。木星のエネルギーをうまく活用し、一度でもみんなを満足させることができたら、将来新たなことをやるにしても、多くの仲間が喜んでついてくることでしょう。

この期をラッキーポイントとする人の

幸運の7週間

出生時に木星がこの期にあったなら、あなたのラッキーポイントは木星4期。次にリストアップした7週間は、あなたの幸運期として、毎年変わらず運が味方してくれることでしょう。

4月11日〜18日	開拓者の期	発言せよ
8月11日〜18日	リーダーシップの期	先頭に立て
12月11日〜18日	巨人の期	大きく考える
10月11日〜18日	劇場の期	役をまっとうせよ
7月11日〜18日	説得者の期	説得力をもて
1月10日〜16日	統治の期	腰を据える
11月19日〜24日	革命のカスプ	ルールを拡張せよ

※ どの期においても、幸運の波に乗るには、それぞれの期の特徴をあらかじめ知っておくことが大切です。さらに詳しい解説にあたり、木星のもつ幸運のエネルギーを最大限に活用しましょう。

第5期
引き下がるな

力のカスプ
牡羊座–牡牛座カスプ

[この期の木星がもたらす幸運]

反感を買わないで、いかに自分を強く主張するか。この時期、木星のエネルギーを最大限に活用する鍵は、まさにそこにあります。力に任せて押し切るというのは問題外。この期では、支配力によりかかることは望ましくないのです。このカスプは、牡羊座の火のような積極性が特徴ですが、そこに牡牛座の性質も加わって、もっと分別をもって考えるようにと促してきます。

火の宮に属する牡羊座は直観に強く、地の宮に属する牡牛座は感覚に非常に鋭敏であるため、この期に木星があるときは、あなたが心から楽しめるプロジェクトに参加するのがお

幸運への近道

結束を強く、パワフル、物惜しみしない

注　意

ぶっきらぼう、欲得ずく、怠惰

勧めです。率先して物事に取り組む牡羊座の性質が生きて、幸先《さいさき》の良いスタートを切ることができます。また一度スタートをしたら、そこから先は牡牛座のねばり強さが味方して、ゴールにたどりつくまで、たゆみなく頑張っていけるでしょう。この時期はそういう努力が楽しく感じられるものなのです。大切なのはあくまでプロフェッショナルに徹した態度を崩さないこと。計画や準備を周到にし、行き当たりばったりや思いつきで動いてはいけません。

牡羊座は火星が支配しているので、ここにある木星は、自分のもつ力を確実に発揮します。しかしながら、正しい導き手がいなければ、暴走しやすいのもたしかです。一方牡牛座を支配する金星は、美しい物、楽しい事、安心できることを大いに好む惑星。ここでもその性質が影響を及ぼし、特に美や芸術に関係の深いプロジェクトは成功の兆しが大です。火星と金星のエネルギーはまた、非常にセクシャルな性質をもち、社会的な面だけではなく、プライベートな関係、特にセックスや恋愛においても成功を約束してくれるでしょう。

ただし後者の分野では、注意深いアプローチが必要です。性的な衝動が高まりやすい時期ですが、お目当ての相手に徹底攻勢を仕掛けるよりも、相手の出方をじっくり見きわめながら、じわじわと攻めていくほうがいいでしょう。木星がこの「力のカスプ」にあるときに生まれた人は、生涯にわたって身を滅ぼすような激しい恋の誘惑と戦わねばならないかもしれません。この位置にある木星は恋愛を極度に美化する傾向があり、結果、現実が見えなくなって、楽天主義に流されてしまう危険性もあります。しかし悲劇の結末は、意外に早く訪れるもの。相手に棄てられるという形で、あっけなく幕が閉じるかもしれません。パートナーの忠告に耳を貸さないと、なおさらそういう結果を早く招くでしょう。

お金の問題では、この時期はあなたが主導権を握らねばなりません。ただし自分の考えだけで人をひっぱっていこうと

牡羊座–牡牛座カスプの有名人

鄧小平、エンニオ・モリコーネ、ジェームズ・ブラウン、チェ・ゲバラ、マーティン・ルーサー・キング・ジュニア、リッキー・ネルソン、デヴィッド・バーン、夏木マリ、向井千秋、市川実和子

しても無理です。みんなで力を合わせることが大事だとリーダーが悟ったときに、物事は好調に進むもの。あなたがリーダーでなくても、それをその立場の人に知らせてやるといいでしょう。強い力で押さえつけるのではなく、穏やかな自信をたたえつつ、困ったときにはいつでも力になってやろうとどっしり構えるのが、素晴らしいリーダーの条件です。どんな活動であれ、自分が完全な支配権を握ろうとしたところで、スタートからつまずきが出てくるでしょう。

　この時期、人を引きつける力が大いに高まります。これを巧みに活用すれば、自分の思い通りに物事が進むでしょうが、あまりおおっぴらにやるのはいけません。持ち前の説得力を生かすには、相手が家族でも友人でも、飲み下しにくい苦い薬を飲ませるときのように、砂糖一匙《さじ》を加えるテクニックが決め手になります。細かい配慮ができるので、後で必ず感謝されるあなたですが、逆にそれがないと、真っ先に責められるでしょう。みんながあなたの言葉に真剣に耳を傾けても、最終的にそれに従うかどうかは、それぞれの判断にゆだねられるということを自覚しておきましょう。

　恋愛においてもビジネスにおいても、「力のカスプ」にある木星から幸運を得るためには、思いやりと愛こそ大きな力になるのを忘れないこと。ときには人を負かそうとすること自体をやめることが、最強の攻撃になる場合もあるのです。人の気持ちに鈍感になり、周囲への配慮に欠けることが多くなると、とにかく強い反対に遭います。実利に目がくらむあまり、精神的な価値をないがしろにしてはいけません。むしろそれこそが、この期のあなたに大きく味方する大切なものなのです。

この期をラッキーポイントとする人の

幸運の７週間

出生時に木星がこの期にあったなら、あなたのラッキーポイントは木星５期。次にリストアップした７週間は、あなたの幸運期として、毎年変わらず運が味方してくれることでしょう。

４月19日～24日	力のカスプ	引き下がるな
８月19日～25日	露出のカスプ	上手にかくれんぼうを
12月19日～25日	予言のカスプ	水晶玉をのぞく
10月19日～25日	演劇と批評のカスプ	批評せよ
７月19日～25日	振動のカスプ	バランスをとる
１月17日～22日	謎と想像力のカスプ	空想を現実に
10月３日～10日	社会性の期	もっと社会へ！

※ どの期においても、幸運の波に乗るには、それぞれの期の特徴をあらかじめ知っておくことが大切です。さらに詳しい解説にあたり、木星のもつ幸運のエネルギーを最大限に活用しましょう。

第6期
自分のものにせよ

発現の期
牡牛座１期

[この期の木星がもたらす幸運]

この期の木星のエネルギーを存分に活用するためには、きちんとした計画を立て、コツコツ努力をすることが大切です。夢や理想を実現するためには、具体的な計画と地道な努力が欠かせません。すでに始まっていることについても、これから手をつけるべきことについても、同じことがいえます。まずあなたが実現しようとするアイディアやプロジェクトに目を向けましょう。たとえまだぼんやりしていても、過去何年にもわたって頭のなかで温めていたことがあるでしょう。これに形を与えてやり、実現計画をつくるのです。それができたら、次は計画を実際の軌道に乗せてやる。実現の暁

幸運への近道

生産的、寛大、恐れを知らない

注　意

頑固、うぬぼれが強い、大げさに表現する

には、きっと周囲をあっといわせることができるでしょう。

木星が牡牛座１期にあるときに生まれた人は、新しいアイディアを生み出すのが好きですが、実際には何もしないで終わってしまうことが多いようです。

人生で何か大きなこと、特別なことをやってやろうと考え、我ながら素晴らしいアイディアが頭に浮かぶ。しかしそれについて、あれこれしゃべるだけで満足してしまい、あとはまた胸の奥にしまって終わり。実際には何も着手しないのです。この期は、夢や理想を実現しやすいときなのに、これはもったいないことです。

木星がこの期にあるときに生まれた人、あるいはこの期に大事なことが控えている人、そのどちらにとっても成功に欠かせないのが、実現のために動きだすというふたつめのステップなのです。あなた自身に成功させたいという強い決意がなければ、せっかくのアイディアもしぼんでしまいます。思いついたときは喜んだものの、結局むなしい願いのまま終わるのです。

幸いにも、この期の木星はあなたのアイディアを現実化するエネルギーをもたらしてくれます。周囲の人を圧倒したり、がむしゃらにゴールをめざしたりせず、ゆっくり着実に、一歩一歩進んでいくのがベストです。人の反感を買っては、実現が遅くなるばかり。慎重に粘り強くやっていけば、他人にそれとは知られずに、少しずつプランを実現していくことも可能です。そうして最後のレンガが積み上がったとき、まわりは大きく目を見張るはず。今まで何もなかったところに、立派な建造物が建ったのですから、その驚きといったら並のものではありません。ここで一気に、あなたの力の凄《すご》さに目覚めるわけです。

このアプローチは、人の心を射止める場合にもあてはまります。たとえば、ずっと特別な思いを寄せてきたというのに、向こうは少しもそれにこたえてくれない。自分に自信を

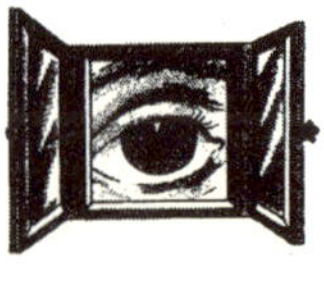

牡牛座１期の有名人

ロアルド・ダール、アニタ・ブルックナー、アンディ・ウォーホル、ジェームズ・コバーン、スタンリー・キューブリック、ディオンヌ・ワーウィック、フランク・ザッパ、ブルース・リー、リンゴ・スター、フェイ・ダナウェイ

失い、フラストレーションで今にも爆発しそうという場合でも、ストレートな正面攻撃は、望ましくありません。むしろ相手の感情に自分を合わせることが大事です。困ったことがあれば全力で守ってやるという構えでいながら、決してうるさくつきまとったり、息苦しいと感じさせたりしない。つまり、相手の自由意思を尊重し、何かあったときに頼れる存在になるのが、成功の鍵というわけです。

またこの期は、気がつくと職場や家庭のごたごたに翻弄《ほんろう》されていることがあるかもしれません。本来自分が仕切るべき場面なら、しっかり主導権を握りましょう。不当な批判には断固として反論し、他人のいいなりになって自分の権利を奪われないようにすることです。

この期の木星には、「自分のものにせよ」というタイトルがついています。そこからもわかるように、ここではあなたのニーズや欲求をダイナミックに実現するべきなのです。

長年望んでいたポジションには、案外楽につくことができそうです。むしろ問題はその後。やっと手に入れた地位であっても、そこに過剰なまでに執着していては、その先の成長は望めません。同じところに何年もとどまって、もっているエネルギーを使い果たすのではなく、ここで得たポジションを足がかりに、さらにその上にある高みをめざしましょう。それにはもちろん、揺るぎない決意が必要ですが、人の意見にまったく耳を貸さないほど頑固にならないよう、注意することも大切です。

この期をラッキーポイントとする人の

幸運の７週間

出生時に木星がこの期にあったなら、あなたのラッキーポイントは木星６期。次にリストアップした７週間は、あなたの幸運期として、毎年変わらず運が味方してくれることでしょう。

４月25日～５月２日	発現の期	自分のものにせよ
８月26日～９月２日	組織の建設者の期	秩序をつくりだせ
12月26日～１月２日	支配者の期	支配権を握れ
10月26日～11月２日	強さの期	レーザー光線を照射せよ
７月26日～８月２日	権威の期	下準備が肝心
１月23日～30日	才能の期	先鞭《せんべん》をつけよ
７月11日～18日	説得者の期	説得力をもて

※ どの期においても、幸運の波に乗るには、それぞれの期の特徴をあらかじめ知っておくことが大切です。さらに詳しい解説にあたり、木星のもつ幸運のエネルギーを最大限に活用しましょう。

第7期
教訓を得よ

教師の期
牡牛座２期

［この期の木星がもたらす幸運］

物を学ぶのは学校のなかとは限りません。この期の木星は、生きることそのものから、多くを学べとわたしたちにいってきます。人生には、人間に必要なありとあらゆる情報が備わっているというのです。もちろん学ぶという活動は、情報を頭で得るだけではありません。街中でさまざまなタイプの人に揉《も》まれ、世間の荒波をかいくぐっていくことで自分に必要な事を会得していく。それこそが何物にも勝る強烈な学習体験といえましょう。

教えることと学ぶことは表裏一体の関係にあります。そのため、この期の木星のエネルギーは、自身の知識を他者に分

幸運への近道

企画力、公正さを重んじる、周囲に人を集める

注　意

わがまま、あら探しをしたがる、柔軟性に欠ける

け与える人にはもちろん、周囲の人々や、生活全般から多くを学ぼうとする人にも味方してくれます。ここで得たさまざまな経験のことごとくが、のちの人生を美しく開花させる肥やしとなるのです。あるときは、人生の危険な海に、臆《おく》することなく飛びこまねばならない場合もあるでしょう。しかしそこから浮かびあがってきたときには、きっと新たな知恵と技を身につけているはずです。ここではさらにそれを他者に分け与えていくことも大切です。

教訓というのは、何度も痛い思いをしないと身につかないものですが、この点、人生という学校は条件がそろっています。厳しく容赦ないレッスンに耐える覚悟さえあれば、貴重な教訓を数多く身につけることができるでしょう。木星がこの期にあるときに生まれた人、あるいはここで木星の力を活用したい人は、社会とのかかわりを避けてはいけません。あなたは他者との交流を通してこそ、将来確実に大きな成功を手にできるからです。人の気持ちを読み取るのはお手のものでしょうが、ここではその力を意識して発揮する必要があります。でないと木星の運ぶ幸運を、あなた個人の昇進や利益に結びつけるのは難しくなるでしょう。

この期の木星のエネルギーは面白い二面性をもちます。机上での理論構築を求める一方、実生活でもそれを応用するよう迫ります。頭のなかであれこれ考えるだけでなく、それを実践したときの喜びや悲しみを、身をもって経験しろというのです。よって、ふたつのアプローチを絶妙なバランスで巧みに組み合わせていくことで、この期の幸運を最大限に生かすことができます。身体でも頭でも、どちらか一方のアプローチに偏りすぎると、物事を真に深いレベルで学ぶ機会を逸しますから、注意が必要です。

同様に仕事の場面でも、あなたが進歩できるかどうかは、他者に知恵を授ける力と、仕事を通して自ら学ぶ力にかかっています。木星がこの期にあるときに学んだ教訓は、技術的

牡牛座２期の有名人

エラ・フィッツジェラルド、ジョン・レノン、ピナ・バウシュ、ブライアン・デ・パルマ、ペレ、ウィルソン・ピケット、SHIHO、ダイアン・レイン、薬師丸ひろ子、hide、ポール・クルーグマン

なものであれ思索的なものであれ、将来さまざまな場面で役に立つはずです。この期に仕事から学んだことは、銀行に預けてある、いざというときの預金だと思えばいいでしょう。

プライベートな異性関係においては、パートナーに対していかに誠実でいられるか、相手の幸せを願ってどれだけ献身的な愛情を注げるかに、成功の鍵があります。友人関係においても、恋愛関係においても、ここでは身体的な側面を重視することで、関係がよりよく育っていくでしょう。スポーツやレジャー活動に積極的になることをはじめとして、頻繁な愛情表現やセックスが大切になってきます。日常生活でのさりげないスキンシップもないがしろにしてはいけません。

この時期は、政治的意識に目覚めたり、実際に活動を始めたりするのに最適です。これまで政治的な議論は避けてきたという人も、この期には存分に自分の意見を表明していくべきです。もちろん議論だけで終わることはありません。グループの代表や公選された役職者として、家庭、地域社会、同好会など、さまざまな場面で活躍しましょう。

さらにこの期は、子どもでもペットでも、他者に対して責任をもつような立場を引き受けるのに最適です。何事にも誠心誠意を込めて対することで、心のなかに温かい愛情の火が灯《とも》り、仕事もうまくいくでしょう。あなたの場合、別に立派なことをいわなくとも、存在そのものがみんなのお手本になっていることが多いようです。ふだんから、いかにも教えてやろうという態度をとるよりも、他者に対して同情や理解を示すことで、より大きな成功を手に入れることができるはずです。

この期をラッキーポイントとする人の

幸運の7週間

出生時に木星がこの期にあったなら、あなたのラッキーポイントは木星7期。次にリストアップした7週間は、あなたの幸運期として、毎年変わらず運が味方してくれることでしょう。

5月3日〜10日	教師の期	教訓を得よ
9月3日〜10日	謎の期	ミステリーを解け
1月3日〜9日	決意の期	本来の務めを越えて働く
11月3日〜11日	深さの期	内面を深く見つめよ
8月3日〜10日	バランスのとれた力の期	着実かつ誠実であれ
1月31日〜2月7日	若さと安らぎの期	冷静に
1月17日〜22日	謎と想像力のカスプ	空想を現実に

※ どの期においても、幸運の波に乗るには、それぞれの期の特徴をあらかじめ知っておくことが大切です。さらに詳しい解説にあたり、木星のもつ幸運のエネルギーを最大限に活用しましょう。

第8期
ありのままの自分で

自然の期
牡牛座３期

［この期の木星がもたらす幸運］

とにかく自然体でいること。それがこの期に幸運を呼ぶ鍵となります。こんなことを提案しても、だめだといわれるのではないか。もしあとで責められたらどうしよう。そういった余計な心配をせずに、あなたが思うまま、感じるままに素直に行動すれば、この期の木星があなたに味方して、素晴らしい幸運を授けてくれるはずです。

木星がこの期にあるときに生まれた人は、自分をよく見つめて、能力の限界を知ることが大事。木星はこの期に入ると、人生に対して楽天的な態度を助長する傾向があります。よって、楽しく生活することはできても、仕事での昇進、人

幸運への近道

愉快なこと、冒険好き、想像力

注　意

こだわりすぎる、反抗的、フラストレーションを溜《た》めやすい

格の成長においては、あまり大きな進歩は望めなくなります。それでも自分をよく見つめることで限界もわかってくるので、望むことすべてを成功させるのは無理だという事実を、すんなり受け止めることができるでしょう。

この期に木星があるときに、面接、試験、評定といった重要なイベントが控えている場合は、細々と画策したり、しゃかりきになって準備をしたりするのはよくありません。むしろあなた本来のパーソナリティを前面に押し出し、自分らしくふるまったほうが成功につながります。

何としてでも強引に、という姿勢より、もっと肩の力を抜いたアプローチをするほうが事は順調に運ぶもの。この期の木星のエネルギーはライトタッチを好みます。周囲の反論や反感を招くことなく、軽やかに事を運んでいく人に味方するのです。

牡牛座３期の幸運エネルギーは、どんな場面でも、作為的なものを避けることで最大限に活用できます。この点においては、あなたの外見も重要。流行の最先端をめざすのではなく、自分らしい装いを大切にするべきです。概して、自分が着ていて心地よいと思えることが一番で、センスのよさをひけらかしたり、いかにもお金がかかっていると思わせたりするようなファッションはマイナスです。

木星がこの期にあるときに生まれた人、あるいはこの期に重要なイベントが控えていて、そこで木星の力を借りたい人は、自然のリズムに合わせることで、最高の結果を手に入れることができます。

自分がまったくやりたくないことを無理してやらない、急いでやろうとしない、自分の限界を超えることはしない。そういったことに留意することで、幸運を呼びこむことができるでしょう。同様に、他人が何を必要としているかを敏感に感じとり、必要ならいつでも力になるよと声をかけたり、相手を励ます姿勢で対応したりすれば、あなたへの信頼度はぐ

牡牛座３期の有名人

ジャン＝ポール・サルトル、ジョン・フィッツジェラルド・ケネディ、オードリー・ヘップバーン、ピート・ローズ、マーク・ハミル、コートニー・ラヴ

っと高まり、周囲の評価も上がります。

この期にはまた、環境保護やロハスの視点に立った活動も幸運を呼ぶでしょう。ここで始めたエコロジーな活動は、将来はもちろん、身近な自然を大切にしようと立ちあがった現時点で、木星の祝福を受ける可能性があります。自然保護に手を貸すばかりでなく、あなた自身の健康もしっかり自分で管理しましょう。ハーブを生活に取り入れたり、ホメオパシーなどの自然療法を実践したりするのも、心と身体の両面に大きな健康効果をもたらすはずです。

この期の木星は、度を過ぎた作為や計画を排除したときに、幸運のエネルギーを最大限に放出します。よって自分の本能に従って無理なく事を進めたときに、よい結果を生む傾向があります。だからといって、他人の気持ちは無視して、その場の思いつきで衝動的な判断をしろというのではありません。ここでは調和、すなわち自分の内側と外の環境とが美しいバランスで保たれることが大事なのです。

精神的に価値が高いもの、非物質的なゴールを追い求めることは、この時期の木星がまさに好むところです。したがって、決して金銭的な問題を最優先してはいけません。お金を儲《もう》けることはもちろんよいことですが、見苦しいまでにあがき、他人を犠牲にしてまでそれに熱中するのは、ほめられたことではありません。

この期をラッキーポイントとする人の

幸運の７週間

出生時に木星がこの期にあったなら、あなたのラッキーポイントは木星８期。次にリストアップした７週間は、あなたの幸運期として、毎年変わらず運が味方してくれることでしょう。

5月11日〜18日	自然の期	ありのままの自分で
9月11日〜18日	ストレートに解釈する人の期	ただ事実のみを
1月10日〜16日	統治の期	腰を据える
11月12日〜18日	魅力の期	魅了せよ
8月11日〜18日	リーダーシップの期	先頭に立て
2月8日〜15日	受容の期	戦わない
3月19日〜24日	再生のカスプ	生まれ変わるとき

※ どの期においても、幸運の波に乗るには、それぞれの期の特徴をあらかじめ知っておくことが大切です。さらに詳しい解説にあたり、木星のもつ幸運のエネルギーを最大限に活用しましょう。

第9期
身のまわりを活気づけよ

エネルギーのカスプ
牡牛座–双子座カスプ

［この期の木星がもたらす幸運］

「エネルギーのカスプ」にいる木星は、わたしたちに、自然のもつ力をほぼ無尽蔵に授けてくれます。よって仕事に必要なエネルギーを得ること自体は難しくありませんが、それをいかにうまく活用するかが、ここでの大きな課題となります。現代科学が発見した多種多様な元素であれ、占星術の基礎となる四大元素（地、風、火、水）であれ、元素と名のつくものは、使われ方によっていかようにも姿を変えます。非現実的なプロジェクトにむなしく濫費されることもあれば、危険な使われ方をして、雲散霧消することもあるでしょう。

ここは牡牛座–双子座カスプですから、占星術の四大元素

幸運への近道

多芸多才、活動的、才気

注　意

しゃべりすぎ、頭ごなしになりやすい、せっかち

でいえば、それぞれの宮である、「地」と「風」の性質が優勢となり、感覚と思考が重視されます。そのため木星のエネルギーは、身体的な心地よさや、知的な刺激が得られる活動に向かいやすくなります。とはいえこういった活動は、目標に向かってまっすぐ進むべきときに、しばしば寄り道をさせてしまいます。その場にとどまって楽しい時間をずっと過ごしていたい、そんな欲求にあらがえなくなるからです。楽しいことが次から次へ現れ、それにふりまわされているうちに木星のエネルギーを使い果たしてしまう。そうなると仕事でもプライベートでも、肝心なときに成功のチャンスを逃してしまいます。木星がこの期にあるときに生まれた人も、そうでない人も、この期の木星のエネルギーを濫費することなく、上手に活用するには、適切なプランを立ててその大筋に従うことが大切です。計画を推し進めていくには、要所要所で楽しみも必要でしょうが、それを最優先するべきではありません。そもそも、その活動自体にじゅうぶんやりがいがあり、それに取り組むことで精神的な満足が得られるようでないと、最後までやり遂げることは難しくなります。

誘惑に負けず、つねに本来の道をまっすぐ歩んでいけば、成功は確実に手に入ります。さらにここで重要なのは、木星から与えられた厖大《ぼうだい》なエネルギーを自分でしっかり管理すること。あまりに大きなエネルギーですから、暴走したら大変なことになります。取り返しのつかない事故が起きたり、神経衰弱に陥ったりしないよう、自分のペースを守りましょう。エネルギーを適切に配分し、一挙に大量のエネルギーを投入するのではなく、長期にわたって少しずつ力を増やしていくのが賢明です。

ときに、ひどく現実離れしたプロジェクトを引き受けたときなど、風の宮に属する双子座の影響で、とめどなく浮きあがってしまう危険があります。そんなときには地の宮に属する牡牛座の性質を働かせて、地面にしっかり足をつけ、現実

牡牛座–双子座カスプの有名人

ハワード・ヒューズ、アリストテレス・オナシス、アーサー・C・クラーク、アンドリュー・ワイエス、アンネ・フランク、ボブ・ディラン、サラ・ミシェル・ゲラー

に目をもどす必要があります。より実際的に考えることができれば、物事をバランスよく収め、力の暴走を禁じることができるでしょう。それをしないと、たとえば資金面でずいぶん心許《こころもと》ないプロジェクトに入れあげた挙げ句、予算をぜんぶ使い果たし、知人を頼りまくって多額の負債を負うことにもなりかねません。プライベートな関係でも、興味の向くままに、次から次へ新しい恋人のあいだをわたり歩けば、しまいにはだれからも相手にされなくなり、不安と焦燥に陥るという痛い結果を免れません。こういったむなしい恋の連鎖を断ち切るためには、もっと現実に即して考え、良識を働かせることが必要です。

ここでは、身のまわりの人々の生活を活気づけてやることに心を傾けましょう。雇用主、友人、恋人などから、これまでにないほど頼られることになりそうです。ただし望ましくない種類の人間を身のまわりに引き寄せるのは問題です。この期は、蛾が電球の光に集まるように、あなたのまわりに困った人々がぞくぞくと集まってくる傾向があります。あふれるほどのエネルギーをもっているからといって、あまりに寛大にばらまくのは問題です。社会に巣くう寄生虫のような連中は、放っておけばあなたから奪えるだけのエネルギーをぜんぶ吸い取ってしまいかねません。エネルギーは、つねに正しい方向に向けて発散する。ここではそれが成功の大きな決め手となります。

この期では特に、ある共通テーマの下に並ぶ系統だった活動を、ひとつひとつ順番にやり遂げていくことが幸運を呼ぶ鍵となります。そうすれば、努力の方向がしっかり定まるだけでなく、活動のはじめから終わりまで、エネルギーを効果的に配分することが可能です。木星がこの期にあるときに、このような一連の活動を開始すると、その先々でも、もっている力を効果的に配分して使うことができるでしょう。

この期をラッキーポイントとする人の

幸運の７週間

出生時に木星がこの期にあったなら、あなたのラッキーポイントは木星９期。次にリストアップした７週間は、あなたの幸運期として、毎年変わらず運が味方してくれることでしょう。

5月19日～24日	エネルギーのカスプ	身のまわりを活気づけよ
9月19日～24日	美のカスプ	美しく装え
1月17日～22日	謎と想像力のカスプ	空想を現実に
11月19日～24日	革命のカスプ	ルールを拡張せよ
8月19日～25日	露出のカスプ	上手にかくれんぼうを
2月16日～22日	鋭敏のカスプ	感覚を研ぎ澄ませ
3月11日～18日	ダンサーと夢見る人の期	月をつかめ

※ どの期においても、幸運の波に乗るには、それぞれの期の特徴をあらかじめ知っておくことが大切です。さらに詳しい解説にあたり、木星のもつ幸運のエネルギーを最大限に活用しましょう。

第10期
束縛を断て

自由の期
双子座1期

[この期の木星がもたらす幸運]

パーソノロジーで振り分けられる48期のなかでも、この期はおそらく、木星がもっとも活発に活動する期といえます。そのため、ひとつの事に集中するのがとても困難になるでしょう。それでもあえて集中できるかどうかで、この期の明暗が大きく分かれます。

ここは木星が輝くばかりの能力を獲得し、物事の隅々まで、きめ細かい注意が行きわたるときです。出生時に木星がここにあった人、あるいはこの期に人生の重大な節目を迎える人は、みなこの恩恵にあずかれることでしょう。注意が散漫にならないよう気をつけていれば、非常に細かい作業や気

幸運への近道

ウィットに富む、カリスマ性、専門技術にすぐれる

注　意

暴君になりやすい、人を操りたがる、文句が多い

配りが要求される高度な仕事も、そつなくこなすことができるでしょう。また自分の専門分野では、伝統や過去の方式と決別して、まったく新しいメソッドを使ったアプローチに、成功の可能性があります。

細部まで注意が行きわたるというのは、悪くすると、しつこいまでに小さなことにこだわることにもなりかねません。そうなると人間関係においてはいろいろと支障が出てきます。機械に完ぺきを求めるのはいいのですが、人間ではそうはいかないからです。自分も含めて、身のまわりの人たちの心の幸せを願うなら、几帳面《きちょうめん》さは職場に置いてきて、家の門をくぐるときは、もっとおおらかにいきましょう。家族はあなたのことをまちがいなく尊敬していますが、まるで実験物のように、鋭い観察の目にさらされるのは嫌なのです。

この期のあなたは、上司や会社の束縛のないところで自由に仕事をすることで、大きな幸運を呼びこめるでしょう。この期に自ら起こした事業やサービスは、その後二年から三年にわたって順調な発展が期待でき、二、三年経ったころには、それが成功だったのか、今後も続ける価値があるのかが、はっきりしてくるはずです。またこの期は、パートナーの意見に真剣に耳を傾ける覚悟がないかぎり、だれかと共同で事業を起こすのは、やめておいたほうが無難です。

「自由の期」に木星があるときは、熱狂的なエネルギーが優勢になりますから、攻撃的な態度は極力控えるべきです。他人の反感を買うのが、ここでは一番危険です。自分も相手も、一度怒りだすと引っ込みがつかなくなるからです。かといって怒りを我慢して抑えるというのも、鬱憤《うっぷん》がたまるだけで得策とはいえません。むしろ自由を愛するあなたの性質をプラスに利用して、理解が得られないうちはひとりで黙々と仕事を進め、その一方で他者と協力する術を身につけていけばいいのです。いっしょに働いているパートナーにすべての責任を押しつけて、自分は新しいことに手を染めるというの

双子座1期の有名人

サミュエル・ベケット、セロニアス・モンク、ディジー・ギレスピー、ミッキー・スピレイン、ジャクリーン・ケネディ・オナシス、ジョン・カサヴェテス、オーネット・コールマン、ジーン・ハックマン、スティーヴ・マックィーン、ブルック・シールズ

が、もっともいけないパターンです。

よって、プロジェクトが軌道に乗ってスムーズに動き出すまでは、無理にでも自分の腰を落ちつかせ、他に目移りしないように仕向けることが大切。のびのびと考える力、瞬時に察知する力、前進のために必要な推進力など、この期の木星は、あなたに最高の力をもたらしてくれますから、きちんとしたやり方で事を進めていけば、十分満足のいく結果が出るはずです。

ただし、他人にまで、もっと自由にやったらどうだいなどとけしかけるのは、いけません。そんなことをすれば、とんだやぶ蛇になり、周囲の怒りをぜんぶ自分が引き受けることになりかねません。この期には、自分自身の成長にだけ没頭しましょう。またここでは、将来、心から信頼できる友になりそうな人、困ったときに支えてくれそうなグループの人と、大げさでない、それでいて温かな人間関係を育てていくことも必要です。この時期、孤立するのは特に危険です。愛するパートナーや配偶者がいれば、心の安定と自信をもらい、いつも健やかな気持ちでいられるので幸せですが、次から次へとパートナーを変えたり、密《ひそ》かな情事にふけったりするのは困りもの。一夜限りの相手に身を任せ、自分の描いたロマンチックな幻想の餌食になれば、あとは破滅に向かって一直線。これまで順調に進んでいた物事が一気に脱線するかもしれません。特に長年大事に築き上げてきた関係は、そういった考えなしの行動により、大きな致命傷を負うことになるでしょう。

この期をラッキーポイントとする人の

幸運の７週間

出生時に木星がこの期にあったなら、あなたのラッキーポイントは木星10期。次にリストアップした７週間は、あなたの幸運期として、毎年変わらず運が味方してくれることでしょう。

５月25日～６月２日	自由の期	束縛を断て
９月25日～10月２日	完全主義者の期	何事も正しく
１月23日～30日	才能の期	先鞭をつけよ
11月25日～12月２日	独立の期	自分の力で
８月26日～９月２日	組織の建設者の期	秩序をつくりだせ
２月23日～３月２日	魂の期	瞑想《めいそう》の時間
１月３日～９日	決意の期	本来の務めを越えて働く

※ どの期においても、幸運の波に乗るには、それぞれの期の特徴をあらかじめ知っておくことが大切です。さらに詳しい解説にあたり、木星のもつ幸運のエネルギーを最大限に活用しましょう。

第11期
言葉で攻めよ

新しい言語の期
双子座2期

［この期の木星がもたらす幸運］

木星がこの期にあるときに生まれた人、あるいはそうでなくとも、この期がめぐってきたときはだれでも、人とのコミュニケーションを重視することで幸運を呼び寄せることができます。プライベートにおいても、職場においても、何か達成したい目標がある場合、他者とじゅうぶんな話し合いをすることで、成功の可能性を最大限に高めることができるでしょう。その結果、議論が白熱し、激しい言い合いになってもかまいません（もちろん、自分の手に負える範囲で収め、暴力にまで発展させてはいけません）。この期に木星があるときは、どうしても言葉に熱がこもるものですが、それは、誠

幸運への近道

話し好き、競争心、革新的

注　意

誤解されやすい、あてにならない、無秩序

実に包み隠さずに物事を伝えたいという欲求があるからです。どこか含みのあるような表現、あいまいな言葉は、この期に好ましくありません。とはいえ、いくら率直にといっても、無神経な言葉遣いは論外です。相手に何かを真剣に伝えたいなら、言葉のもつニュアンスに細心の注意を払うことが必要です。

またこの期には、話すことだけでなく、本を読んだり、インターネットを使って調べ物をしたりするのも幸運を呼ぶ鍵になります。何を話すにしても、伝えたいことの裏付けとなる事実や数字をきちんと集めておけば、同僚や仲間内の印象もぐっとアップすること請け合いです。この期には、論理性を司《つかさど》る左脳が特に活発に働きますから、調査から得られた情報を巧みな構成で組み立てて、考えがより効果的に伝わるようにしましょう。また木星が双子座２期にあるときは、自分のペースを守ることも大切。そうでないと過剰なストレスがかかって、燃え尽きてしまうこともあります。

セクシーな異性と好んでじゃれあいたくなるのも、この期に木星があるときの傾向です。ちょうど花盛りの花壇で、次から次へ蜜《みつ》を吸って回る蜂のような状態といいましょうか。それでも結果的には、失恋の痛手に苦しむ心配はなさそうです。こういうつきあいがまじめな恋愛に進展することは稀《まれ》だからです。

この期によく見られる恋愛の特徴として、精神的なものを肉体的なものと同等に置き、ときには精神性のほうをより重視するということが挙げられます。また、恋をパズルや言葉遊びのようなゲームと見なし、ユーモアのセンスを巧みに駆使して相手の反応を楽しむことも多くなるでしょう。

ときに、口ばっかり達者だとか、ゴシップに目がないおしゃべりだとか、陰口をたたかれることがあるかもしれません。こうならないためには、あらかじめ自分に予防線を張っておくことが必要です。さもないと、あいつは信用できない

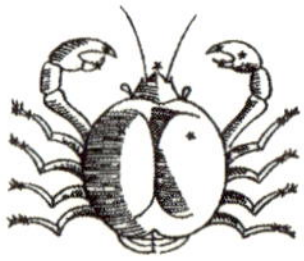

双子座２期の有名人

アーシュラ・ル・グイン、グレース・ケリー、ヤセル・アラファト、マーサ・スチュアート、アレサ・フランクリン、ジョン・アーヴィング、スティーヴン・ホーキング、モハメッド・アリ、ルー・リード、ジョン・トラヴォルタ

やつというレッテルを永遠に貼られることに。また、他人の話にはつねに真剣に耳を傾け、まじめにきいているという態度を示すことも大事です。この期に木星があるときは、自分の意見をはっきり表明することが幸運を呼ぶ鍵になりますが、その幸運を最大限に生かし、しかも他人の反感を買わないためには、他者の視点で物事を見ることも忘れないようにしましょう。あなたより、もっと物事を深刻にとらえるたちの人に対するときは、特に注意が必要です。そういうタイプの人の意見を軽く扱うと、相手はあなたから傷つけられたと感じるからです。

さらに、ことさら難しい言葉や、必要以上に飾り立てた表現を使うのは、自分自身を誤解される危険があります。周囲はそんなあなたを受け入れ難いと思うかもしれません。こういうことにならないよう、使う言葉には、つねにじゅうぶんな注意を払いましょう。ときには自分の考えを紙に書き出して、点検してみるのも効果的です。何かを伝えたいときに、自分がいつも口にする耳触りのいい言葉、インパクトのある言葉を洗い出し、それがほんとうに適切なのかどうか、見直してみるのです。

また、他人からなんとなく、皮肉屋だとか議論好きと思われているふしがあるとしたら、それは、高飛車な態度を抑え、もう少し柔らかい言葉を使いなさいというシグナルです。人は、強い調子の言葉に対しては、たいていガードを張ってしまうものです。もっと柔らかい表現でくるんでやれば、すんなり受け入れてもらえたのに、ということはよくあるものです。はっきり物をいうことは、あなたの成功に力を貸す友を呼び集めると同時に、密かにあなたに不満を抱いている人物を、将来あなたの敵にしてしまう危険にもつながるので、じゅうぶん注意が必要です。

この期をラッキーポイントとする人の

幸運の７週間

出生時に木星がこの期にあったなら、あなたのラッキーポイントは木星11期。次にリストアップした７週間は、あなたの幸運期として、毎年変わらず運が味方してくれることでしょう。

６月３日～10日	新しい言語の期	言葉で攻めよ
10月３日～10日	社会性の期	もっと社会へ！
１月31日～２月７日	若さと安らぎの期	冷静に
12月３日～10日	創始者の期	新しい発想を
９月３日～10日	謎の期	ミステリーを解け
３月３日～10日	孤独な人の期	休みをとる
４月11日～18日	開拓者の期	発言せよ

※ どの期においても、幸運の波に乗るには、それぞれの期の特徴をあらかじめ知っておくことが大切です。さらに詳しい解説にあたり、木星のもつ幸運のエネルギーを最大限に活用しましょう。

第12期
極限まで探求せよ

探求者の期
双子座３期

[この期の木星がもたらす幸運]

双子座３期に木星があるとき、幸運は向こうからやってくるのではなく、自分からつかみに行くものだと実感できます。ここで世界へ果敢に挑戦していく態度を維持できれば、のちに大きな成功を手に入れられる可能性があります。重要なのは、あなたの姿勢。自分を信じて堂々と物事にあたることです。失敗したらどうしようという言葉は、ここでは禁句。大きな成功を得るためには、失敗を恐れずにチャレンジする精神が必要です。

とはいえ、もしもあなたが幼い頃から、家や学校で足りない面ばかりあげつらわれていたら、自分には成功はおぼつか

幸運への近道

冒険好き、リスクを恐れない、お金の扱いを上手に

注　意

感情が激しやすい、幻滅しやすい、せっかち

ないと思ってしまうのも無理はありません。しかしこの期に木星があるときは、思い切って挑戦すれば、きっと成功に手が届くまたとないチャンスです。くだらない劣等感にはさよならしましょう。

チャレンジ精神というのは、決して向こう見ずに事にあたることではありません。それどころか、難しいことに挑戦するなら、しっかりした計画とバランスのとれた良識が不可欠であり、それがなければ成功はとてもおぼつかないのです。もしや失敗するのではという不安には、慎重さと楽観主義の両方を武器に立ち向かっていきましょう。努力の方向さえまちがっていなければ、やがては成功するものと信じるのです。この期には、周囲の視線が自分に熱く集まるのを感じるかもしれません。みんなもあなたの活動に力を貸して、ともに成功を分かち合いたいと思っているからでしょう。したがってあなたとしては、ここで目的意識を明確にし、揺るぎない態度をとることで、みんなの信頼を得ることが大切です。自分だけ先走ったり、仲間を置いてきぼりにしたりしない注意も必要です。

木星がこの期にあるときは、どんなものであれ、身体を使った活動が幸運を呼びます。スポーツ、肉体を鍛えるトレーニング、シェイプアップのためのエクササイズなど、いずれも自分の限界を乗り越えることができますし、他者との競争でも勝利を手にしやすい時期です。もちろん、こういった方面でそれなりの自信と達成感を得るには、それに見合った努力が必要です。また、「探求者の期」という名前がついてはいますが、必ずしもここで遠くに出かけ、ワイルドな自然のなかで冒険をしろということではありません。家庭、学校、身近な社会のなかでも、冒険したのと同じ達成感を得ることは可能です。

この期の木星は、外へ拡張していくエネルギーにあふれ、遠くの目標にぐんぐん向かっていこうとする傾向があり、度

双子座３期
の有名人

ビリー・ワイルダー、クリント・イーストウッド、ジャスパー・ジョーンズ、オーティス・レディング、リンダ・マッカートニー、バーブラ・ストライサンド、キム・ベイシンガー、ジョン・マルコヴィッチ

を越してしまうという不安とも背中合わせです。危険を回避するためにも、自分の力をいたずらに過信することなく、どこまでできて、どこから先は無理なのか、現実的なものさしをもちましょう。また、過剰なストレスをためないこと。ゴールラインを切る前に息切れ、ということにならないためにも、リラックスする時間をつくり、つねに自分のコンディションを整えておきましょう。できればとことん頑張る時間と、静かに瞑想する時間とを交互に組み合わせて、効果的な充電を心がけたいものです。そうすることで集中力を持続し、ゴールへの道を踏み外さずに済みます。

また、この期には、ひとつの目標にずっと目を向けていることが難しくなるかもしれません。同時期に発生したプロジェクトに対して、どれもこれも成功させようという気になるからです。できればふたつ、望ましくは一度にひとつの仕事に集中できる環境をつくりましょう。ふたつを手がける場合でも、関係性がほとんどないものを同時に行うことは避けるべきです。あふれるばかりの自信に満ちているこの期は、世の中はまさに自分の思うままという気分になりやすいもの。しかしこういうときこそ、よくよく注意して行動しないと、どこで道を踏み外すかわかりませんし、友人たちからも、地に足がついていないと思われかねません。だれか、できれば真面目で頑固な人に、自分が今やっていることを定期的に報告するといいでしょう。そうすれば、現実をしっかり見て、物事を正しく進めることができるはずです。

この期に、どこかへ（特に遠くへ）旅する機会が訪れたら、そこに大きなチャンスが待っていると考えていいでしょう。実際にそこへ引っ越して、しばらく暮らしてみたり、働いてみたりする機会も出てくるかもしれません。後に残していくもののことを心配する必要はありません。真に大事なものは、あなたの心とともに新しい地に向かい、そこで根付き、成長し、実を結ぶはずです。

この期をラッキーポイントとする人の

幸運の７週間

出生時に木星がこの期にあったなら、あなたのラッキーポイントは木星12期。次にリストアップした７週間は、あなたの幸運期として、毎年変わらず運が味方してくれることでしょう。

６月11日～18日	探求者の期	極限まで探求せよ
10月11日～18日	劇場の期	役をまっとうせよ
２月８日～15日	受容の期	戦わない
12月11日～18日	巨人の期	大きく考える
９月11日～18日	ストレートに解釈する人の期	ただ事実のみを
３月11日～18日	ダンサーと夢見る人の期	月をつかめ
３月25日～４月２日	子どもの期	あどけなさの勝利

※ どの期においても、幸運の波に乗るには、それぞれの期の特徴をあらかじめ知っておくことが大切です。さらに詳しい解説にあたり、木星のもつ幸運のエネルギーを最大限に活用しましょう。

第13期
魔法をかけろ

魔法のカスプ
双子座–蟹座カスプ

[この期の木星がもたらす幸運]

こんなことをやってみたい！　素直にそう思うことがあったら、この期にはぜひ実行を。

無邪気な思いつきでもなんでも、木星の運ぶ幸運が新しい計画に味方してくれます。特にプライベートな場面での運気は最高潮。愛情面、恋愛面で大きな幸運が待っています。意中の人がいたら、まさに今がアプローチに絶好のとき。特別なことがなくても、カードや花を贈る、あるいは誕生日に何かしてあげるのもお勧めです。そんなのは自分の柄じゃないという人も、この期だけは、気持ちをはっきり形にするべきです。

幸運への近道

愛情豊か、魅惑的、客観的

注　意

孤立しがち、自分勝手、わがまま

出生時に木星がこの期にあった人は、生涯を通じて恋愛を楽しみ、そこから大きな満足を得られるはずです。まったく恋をしないより、一度でも恋をして失ったほうがいい、そんな言葉が似合うかもしれません。たとえこれまで、恋愛は苦手だとか、興味がないと思ってきた人も、よくよく自分の心をのぞいてみれば、誰よりもロマンチストであることがわかるでしょう。これまでしょっちゅうイライラし、悲しくなることが多かったという人は、自分のそういう面を否定し続け、本心を見ようとしなかったせいかもしれません。

最近、ある人に特別な思いを抱くようになり、気がついてみれば、もうすぐ木星がこの期に入る、あるいはすでに入っていた。そんなときは覚悟してください。あなたはその相手と深く結びつく運命にあります。また、現在のパートナーに不満を感じていたり、今ひとつ本気になれなかったり、というときに、木星がこの双子座－蟹《かに》座カスプにあれば、新しい恋の相手が思いもかけぬところからやってくることが期待できます。この期に始まった恋は、たいてい幸せに成就するものですが、たとえそうではなかったとしても、人生の一時期を情熱の光で華やかに彩る、素晴らしい恋の体験となることはまちがいありません。

何気ない日常の活動であっても、この期では何やら素敵に思えてくるもの。特に感覚的な物に関しては、木星が影響して、とことん鋭敏になり、世の中が突然薔薇《ばら》色に見えてくるかもしれません。セックスや料理の分野では特に、これまでにない新たな楽しみを見いだして夢中になるかもしれません。食や性や恋愛においては、あまりに執着しすぎるのは困りものですが、いつでも自分の意志でコントロール可能な状態にしておけば、こういったものにつきものの、不満や後悔にうちのめされることなく、長期にわたって楽しむことができるでしょう。

またこの時期、肉体を経ない経験はさらに望ましく、形而《けいじ》

双子座－蟹座カスプ
の有名人

ネルソン・マンデラ、平山郁夫、深作欣二、イングマール・ベルイマン、ポール・マッカートニー、ジャネット・ジャクソン、仲村トオル、チャーリー・シーン、尾崎豊、ブライアン・ウィルソン

上《じょう》学的なもの、精神世界に関すること、超現実的な分野で、大きな幸運を得られる可能性があります。

あなたのサイキックパワーが劇的に上昇しても、驚いてはいけません。他人の心のなかが見えたり、まるで新しい次元や、他の惑星に連れていかれたりするような、非日常体験をするかもしれません。これはまったく予期しない形で訪れるので、もしあなたが目に見えるものしか信じないタイプの人であれば、ここで自分の考え方を真剣に軌道修正し、身のまわりで次々と起こる奇跡を素直に受け入れる必要が出てくるかもしれません。単なる偶然だとして目をそむけてしまうと、せっかく与えられた貴重なチャンスを逃してしまいます。

この期には、明るく刺激的な色、たくさんの花々、エキゾチックな香りを生活のなかにもちこみましょう。自分の生活空間を変える、あるいは実際に実行に移さなくても、やってみようと考えるだけでもいいのです。

また、音楽も生活空間のムード向上に、大きな役割を果たします。ライブで生の演奏をきいても、録音されたものをきいても、これほどまでに音楽が感性に強く訴えかけてくる時期は他にないでしょう。ダンスをしたり、楽器の練習を始めたりするにも、この期は最適です。ジャンルはどんなものでもかまいません。ワールドミュージック、ジャズ、華麗なシンフォニー、最新のビデオ、リズミカルなポップス、ミュージカルなどが特にお勧めですが、もちろん、これだけに限る必要はありません。

この期をラッキーポイントとする人の

幸運の7週間

出生時に木星がこの期にあったなら、あなたのラッキーポイントは木星13期。次にリストアップした7週間は、あなたの幸運期として、毎年変わらず運が味方してくれることでしょう。

6月19日～24日	魔法のカスプ	魔法をかけろ
10月19日～25日	演劇と批評のカスプ	批評せよ
2月16日～22日	鋭敏のカスプ	感覚を研ぎ澄ませ
12月19日～25日	予言のカスプ	水晶玉をのぞく
9月19日～24日	美のカスプ	美しく装え
3月19日～24日	再生のカスプ	生まれ変わるとき
11月12日～18日	魅力の期	魅了せよ

※ どの期においても、幸運の波に乗るには、それぞれの期の特徴をあらかじめ知っておくことが大切です。さらに詳しい解説にあたり、木星のもつ幸運のエネルギーを最大限に活用しましょう。

第14期
他人に心を寄せよ

共感の期
蟹座1期

［この期の木星がもたらす幸運］

木星が蟹座1期にあるときは、身のまわりにいる人たちの気持ちに敏感になり、気遣いを忘れないことが幸運の鍵になります。個人の幸せは、友人、同僚、家族といった、他者の幸せと強く結びついている。このときほど、それをはっきり思い知ることはないでしょう。だからといって、いろんな人間と片っ端からつきあえということではありません。相手に心を寄せるという行為は、一度に多数を相手にできるものではないからです。あくまで、一対一、個人と個人がじっくり顔を寄せ合ってこそ、心の行き来ができるもの。この期に幸運を呼び寄せるためには、そういった心の交流を大切にしな

幸運への近道

金銭の処理を巧みに、感性を鋭く、専門技術に優れる

注　意

攻撃的、臆病《おくびょう》、貪欲《どんよく》

ければなりません。

それには、何も特別な計画を練る必要はありません。相手のしていることに興味をもち、その言葉や願いに熱心に耳を傾け、受け入れる態度を示す、それだけでじゅうぶんです。気がつけば相手もまた、あなたに対して、同様の気遣いを返してくれていることがわかるでしょう。あなたを見守り、何かあればいつでも力を貸してやろうと構えているはずです。

どんな形であれ、他人にお世辞をいったり、おもねったりすることは、この期には成功を呼びません。ここでは誠実さと、真の共感が物をいうのです。そもそも共感するというのは、相手の気持ちを感じ取り、それに寄りそうということ。他人のことを考慮せず、我が道をまっすぐ進もうというのは、この期にはまったくふさわしくありません。そうしようとするたびに、運命のほうからまちがいを指摘されるはずです。

この時期は、ビジネスのパートナーシップに幸運が訪れる傾向があり、この期に結ばれた関係は将来的にも長続きする可能性が大です。パートナーを選ぶ際には、心から共鳴できる相手であることはもちろん、互いに足りない部分を補い合える相手がベストです。そんなふたりが手を結べば、じつに強力な、結束の固いペアとなります。ただし互いのことを理解していなければ、ふたりの総合力がどんなに強力であろうと、やがては失敗を呼ぶことになるのでご注意を。友人とビジネスを共同で始めるというのは、概して賢明ではないといわれてきましたが、この期に結ばれたパートナーシップはまったくその逆。友人ばかりでなく、家族や親戚《しんせき》とビジネスを始めるのも、この期にはお勧めです。

また仕事ばかりでなく、プライベートでも、だれか特別な相手と深い関係になれる可能性があります。ただし嫉妬《しっと》の感情には要注意。あなたたちが仲よくなることで、疎外感を味わったり、ふたりの関係を脅威に思ったりするような人がい

蟹座1期の有名人

レナード・バーンスタイン、ナット・キング・コール、マース・カニングハム、トニ・モリソン、トム・ウルフ、ミハイル・ゴルバチョフ、レナード・ニモイ、ハリソン・フォード、ジョン・キューザック

るかもしれません。特に、親しい友人や家族から恨みを買って、妙な三角関係になると、のけ者にされていると感じる人が出てきてやっかいです。ここで大事なのは、自分はみんなから認められ、大切にされているのだと、だれもが感じられる環境をつくること。一方との関係が他方との関係よりも重要視されるなどということは、決してないことを明らかにしてやることです。

やさしい心遣いや相手への理解といった、目に見えないプレゼントはもちろんのこと、そういった気持ちを形にして贈ってみてもいいでしょう。花をプレゼントしたり、夕食をごちそうしたり、誕生日や記念日にちょっとした贈り物をしたりということで、相手の心があなたに向かって大きく開いていきます。この期にはそういう行為のことごとくが、幸運につながることでしょう。というのも、相手はそんなあなたの思いやりをその後もずっと覚えているからです。そこがベースとなって、ふたりのあいだにより強い関係が育つことが期待できます。

ここでは特に、感情表現が重視されます。木星がこの期にあるときに生まれた人は、生涯何度にもわたって、感情豊かに自分を表現する必要に迫られるはずです。また、そうでなくとも、この期に感情を抑圧するのは、苦しいことになるでしょう。プライベートでも仕事でも、心を大きく開くことが、そのまま幸運を呼び寄せ、人生をいい方向にもっていく鍵となります。

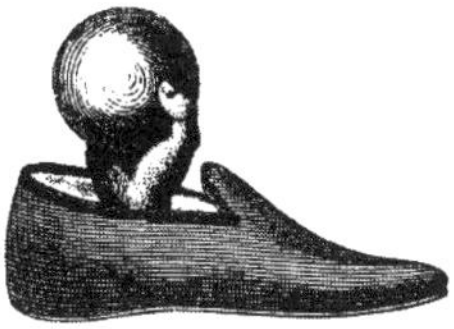

この期をラッキーポイントとする人の

幸運の７週間

出生時に木星がこの期にあったなら、あなたのラッキーポイントは木星14期。次にリストアップした７週間は、あなたの幸運期として、毎年変わらず運が味方してくれることでしょう。

６月25日～７月２日	共感の期	他人に心を寄せよ
10月26日～11月２日	強さの期	レーザー光線を照射せよ
２月23日～３月２日	魂の期	瞑想の時間
12月26日～１月２日	支配者の期	支配権を握れ
９月25日～10月２日	完全主義者の期	何事も正しく
３月25日～４月２日	子どもの期	あどけなさの勝利
５月３日～５月10日	教師の期	教訓を得よ

※ どの期においても、幸運の波に乗るには、それぞれの期の特徴をあらかじめ知っておくことが大切です。さらに詳しい解説にあたり、木星のもつ幸運のエネルギーを最大限に活用しましょう。

第15期
堂々と自分流で！

型破りの期
蟹座２期

［この期の木星がもたらす幸運］

この期は、あなたの夢や空想をまわりの人たちの心にふきこむことで、大きな幸運を引き寄せられます。なるほど、そいつはすごいと周囲の人に思わせることができれば、もうあなたは注目の的。だまっていてもあちこちから熱狂的な支援が集まります。その結果、まさかと思っていた夢が現実のものになることも。

どんなに遠大な計画や夢のような提案でも、この期に実施すれば、木星が強く味方してくれるでしょう。アイディアの斬新《ざんしん》さだけでなく、ここではあなた自身に備わった人並みはずれた側面も、周囲の人の興味や関心を引き寄せる重要な要

幸運への近道

空想豊かに、人を楽しませる、人の心を敏感に読みとる

注　意

自暴自棄になりがち、こだわりすぎる、間が悪い

素となります。木星がこの期にあるときに生まれた人は、きっとその奇抜な才能で、過去に数多くの人たちを魅了してきたことでしょう。その一方で、家庭を大事にしようというごくふつうの気持ちも人並み以上にあるはずで、実際、心安らげる家庭を築いている人も多いのです。たとえ今はそうでなくても安定した家庭を求める欲求は強いはずです。

木星が蟹座２期にあるときは、常道からはずれたアプローチも、恐れてはいけません。おそらくこれまでは避けてきたかもしれませんが、この期には、人の目や批判を気にする気持ちは脇におき、たとえ孤独な戦いとなっても、新しいやり方に賭《か》けてみるべきです。もちろん、みんながみんな、あなたに共鳴するというわけにはいかないでしょう。しかし、反対する者を説得しようと躍起になるより、孤軍奮闘の道を選んで、とにかく最高の結果を出した方が賢明です。ただし、現実から離れて夢の世界に埋没し、人との交わりを絶ってしまうのは危険です。そんなときには、書くことが役立ちます。自分の考えをメモに書き留めたり、日記を継続して続けたり、エッセイを書いたりして、それを大事にとっておきましょう。後に、もっと大きな行動に出るチャンスが生まれたときや、より大きなエネルギーが備わったときに、そういった資料が宝の山となるはずです。

この期に木星があるときは、プライベートでも特別な人と出会い、その相手と深い関係に陥る可能性があります。人目につかないところで、こっそり逢瀬《おうせ》を重ねることになるかもしれませんが、世間の目から逃れて何はばかることなくふたりの世界に没入するのは、心躍る経験となるでしょう。ただしこの期に始まった恋はきわめて壊れやすいので、家族や友人の厳しい目から自力で守る覚悟が必要です。

なんだか眠くてしょうがないというのも、蟹座２期にある木星の影響ですから、心配はいりません。これは無意識が過剰に働いているせいで、その飽くなき欲求を満足させるに

蟹座２期の有名人

アレクサンドル・ソルジェニーツィン、フローレンス・チャドウィック、リタ・ヘイワース、エバ・ペロン、ショーン・コネリー、ソニー・ロリンズ、レイ・チャールズ、ジェームズ・ディーン、イサベル・アジェンデ、シャロン・テート、ジョージ・ハリスン、ジョージ・ベンソン

は、生き生きした夢を見ている時間がたっぷり必要になるからです。さらに夢に出てきたイメージは、起きている時間にたびたび呼び出され、ふだんの生活に生かされます。つまり、豊穣《ほうじょう》の角のような役割をしてくれるわけです。したがって就寝時には邪魔が入らないよう格別の注意を払い、充実した睡眠がたっぷりとれるようにしましょう。

どこか後ろ暗い行為、あるいははっきり違法だといえる活動にも、この期は特別強く引かれてしまうもの。投機取り引きや賭け事は、退屈な日常に刺激を与えてはくれますが、あなたの経済基盤を脅かし、破滅に向かう危険性と背中合わせであることをお忘れなく。あまりに夢中になると、経済的にも精神的にもすっかり消耗してしまいますから、これ以上は手を出さないという限度を設けることが必要です。いっときカジノや競馬で勝ちを挙げても、最後に大負けしては元も子もありません。

この期に大きな成功を手にできる人は、遠大な夢に現実の足がかりをしっかり組んでいける人。常識を巧みに働かせることで収益を確実に増やし、より健全な経済基盤を築いていける人です。他のメンバーが考えていることを鋭敏に察知し、それを到達可能なゴールに向けて方向づけてやる。そうすることで大きな利益を上げ、結果的に成員全員を満足させてやれるのです。途中過程では、なんと突飛なことをと思われても、順調に稼働し始めれば、その結果がみんなを黙らせるはず。ともに働く同僚たちのあいだにも、これなら心配ないという安心感が徐々に育っていくでしょう。

この期をラッキーポイントとする人の

幸運の7週間

出生時に木星がこの期にあったなら、あなたのラッキーポイントは木星15期。次にリストアップした7週間は、あなたの幸運期として、毎年変わらず運が味方してくれることでしょう。

7月3日～10日	型破りの期	堂々と自分流で！
11月3日～11日	深さの期	内面を深く見つめよ
3月3日～10日	孤独な人の期	休みをとる
1月3日～9日	決意の期	本来の務めを越えて働く
10月3日～10日	社会性の期	もっと社会へ！
4月3日～10日	星の期	輝け！
9月3日～10日	謎の期	ミステリーを解け

※ どの期においても、幸運の波に乗るには、それぞれの期の特徴をあらかじめ知っておくことが大切です。さらに詳しい解説にあたり、木星のもつ幸運のエネルギーを最大限に活用しましょう。

第16期
説得力をもて

説得者の期
蟹座３期

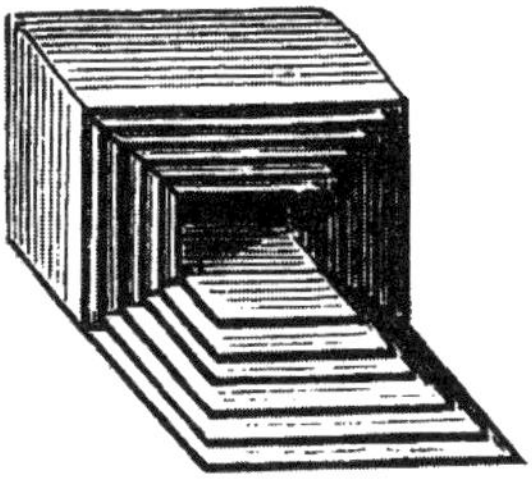

[この期の木星がもたらす幸運]

木星が蟹座３期にあるときは、いろいろな方面に手を広げるのに最適です。社会面でも経済面でも、これまでよりずっと、活動の裾野《すその》を広げていける時期なのです。しかしその眼目は、あくまでもあなた自身の成長に置くこと。お金を使うなら、自分の血肉になることへ投資しましょう。旅行、習い事、ワークショップ、あるいは本格的な学問に挑戦してみるのもいいでしょう。お金に直接結びつけようと、株式に投資したり、ビジネスを立ち上げたりといった、自分の外へ冒険の目を向けるのは、この期にふさわしくありません。

自信を培えば、他人もあなたの意見にすんなり納得し、信

幸運への近道

アイディア豊富に、説得力、観察力が鋭い

注　意

何事も過剰になりやすい、人を操りたがる、危なっかしい

用度もぐっとアップするでしょう。木星がこの期にあるときに生まれた人、あるいはそうでなくても、この蟹座３期に成功に向かってたゆまぬ努力を続けた人は、数カ月、数年という長い時間はかかっても、着実に成長を遂げていき、将来必ずいい結果を手にすることでしょう。ひとたび必要な自信を得たら、あとは実際に他者とわたり合い、あなたの価値を認めさせること。羞恥《しゅうち》心《しん》も遠慮もかなぐり捨てて、みんなにあなたの存在と願いを知らしめるのです。これは仕事とプライベートの両面についていえます。

この時期、人生のパートナーをさがし、家庭を築こうと考えている人もいるでしょう。それならば、身体的魅力を全面に押し出し、誘惑の術にも少しだけ磨きをかけてみましょう。もちろん、押すべきところ、引くべきところの兼ね合いは肝心。相手の性格によって柔軟にアプローチを変えていくことが大切です。積極的に出てこられるのを嫌がる人もいれば、逆にそれを喜び、安心するタイプの人もいます。とはいえ、ここでは何より、あなたの身体がチャームポイント。威圧的、支配的になることなく、相手が心地よく思うアプローチを心がければ、きっといい結果が待っています。

効果的な説得術として、ひとつ巧みな例を挙げましょう。たとえば、クライアントや雇用主に何か提案する場合、ある一定期間に限って、それを何度か、さりげない形で口にします。決してあからさまでなく、それでいて相手の頭に強く焼きついてしまうようにするのがポイント。するとどうでしょう。しばらくすると相手のほうから、あなたの提案を熱っぽく語ってきます。まるで自分の考えであるかのように、それに全面的支持の姿勢を見せるのです。あなたの使った言葉が、そのまま相手の口から出てきたら、これはもう大成功。自分からもぎにいかなくとも、熟したリンゴが向こうから落ちてくるようなものです。

周囲に自分の価値を認めてもらおうと思ったら、まず実際

蟹座３期の有名人

フリーダ・カーロ、ジャン＝リュック・ゴダール、ジミ・ヘンドリクス、マーティン・スコセッシ、ラリー・フリント、ジャニス・ジョプリン、デヴィッド・クローネンバーグ、エルヴィス・コステロ、ブルース・ウィリス

の行動に出る前に、比喩《ひゆ》的にも、文字通りの意味でも、自分の家のなかをしっかり整えておくことが必要です。つまり、永久的に頼りになる作戦の本拠地を作っておくのです。ひとたび足場が安定したら、次は事務作業へ——計画立案、レジュメの作成、作戦に必要な支援物資の調達、税金問題のクリアなど、必要な作業を進めていきます。ここまで内部の準備が整えば、あとは自信をもって、外部に向けて作戦を開始できます。あなたの存在をアピールして、その価値をみんなに認めさせるべく、一気に行動に出ていきましょう。

そこまでやるのは、あまりにえげつない。そう批判を唱える人がいるかもしれません。しかし、ある特定の人たちの注意を自分に向けようとするなら、しばしばこういうアプローチが必要になることを思いだしてください。花が受粉作用を起こすには、まず蜂を自分のほうへ誘い込まねばなりません。さらに、わたしたちも生物であり、動物界の一員ですから、狩猟本能を備えています。獲物を追いつめて、自分のものにしたいという狩りの欲求が、生まれたときから組みこまれているのです。自分はここにいるのだとなんらかの形で宣言をする必要に迫られたら、やはり方法を考えねばなりません。しかしながら、もっとも大事なのは、自己の限界を素直に認めつつ、それでも自分は、やると約束したことは必ず遂行する人間であることを、相手に信じさせることです。そうすれば、あなたの努力が実を結んだ暁には、あなたも、あなたについてきた人も、ともに勝利者になれるのです。

この期をラッキーポイントとする人の

幸運の７週間

出生時に木星がこの期にあったなら、あなたのラッキーポイントは木星16期。次にリストアップした７週間は、あなたの幸運期として、毎年変わらず運が味方してくれることでしょう。

７月11日～18日	説得者の期	説得力をもて
11月12日～18日	魅力の期	魅了せよ
３月11日～18日	ダンサーと夢見る人の期	月をつかめ
１月10日～16日	統治の期	腰を据える
10月11日～18日	劇場の期	役をまっとうせよ
４月11日～18日	開拓者の期	発言せよ
８月26日～９月２日	組織の建設者の期	秩序をつくりだせ

※ どの期においても、幸運の波に乗るには、それぞれの期の特徴をあらかじめ知っておくことが大切です。さらに詳しい解説にあたり、木星のもつ幸運のエネルギーを最大限に活用しましょう。

第17期
バランスをとる

振動のカスプ
蟹座–獅子座カスプ

[この期の木星がもたらす幸運]

さる賢人は、歴史を理解しないものはそれを繰り返す運命にある、といいました。木星がこの期にあるとき、人は自分のこれまで生きてきた道に思いを馳《は》せ、果たしてこれでよかったのかどうか考えだします。過去を振り返りつつ、未来に目を向けるので、心は大きく揺れ動く。それがこの期に「振動のカスプ」という名のついたゆえんです。ここで自分の行動を振り返るのは、きわめて正しい姿勢です。それをもとに将来の計画を立てることが求められているのです。

このカスプは不安定が特徴ですから、成功のためには、人生全体のバランスをとることが不可欠になります。一方で過

幸運への近道

道徳を重んじて、エキサイティング、けっしてひるまない

注　意

躁鬱《そううつ》の波が激しい、耽溺《たんでき》しやすい、感情をすなおに出せない

去の出来事にひっぱられ、また一方で将来の願いや希望にひっぱられる。そんな正反対の力のあいだで翻弄される自分をいかに安定させるか。それがこの期の大きな課題となります。

さらにここは、月の支配する蟹座と、太陽の支配する獅子《しし》座のカスプです。よって、内へ向かおうとする月の性質と、外に向かおうとする太陽のエネルギーの板挟みになって、ともすると、幸運を授ける木星の働きが抑制されかねません。この相反する力をいかに融和させ、協調させるか。それがこの期に幸運を得る鍵となります。内へ向かおうとする月と、外に向かおうとする太陽。両者の力は、それぞれ単独でも活用できますが、ひとつに合体させたとき、最高の力を発揮することが期待できます。

たとえば、折に触れて世間から自分を遮断し、ひとりになって考え、感じることで、自分本来の願いや欲求を確認することはだれにでもあるものですが、内にこもるだけでなく、外に目を向けることも同時に行えば、そこから得られるものはさらにパワーアップします。これから外の世界で自分は何をやりたいのか、どんな生活をしたいのか、思い切り自由に想像の翼を広げて夢を思い描いてみましょう。そうした上で世界へ飛びだしていくと、この期に発散される獅子座のエネルギーを存分に浴びることができます。何事も大きく考え、大胆に行動できるというのも、この期にみられる特徴のひとつですが、月と太陽の関係がしっくりいくと、それがさらに強調されるわけです。

過去と未来、内と外。相反するふたつのものに、どこか接点を見つけて互いに融和させるというのは、感情と論理の対立にもいえることです。出生時に木星がこの期にあった人はすでに気づいているでしょうが、両者がうまく協調しないとき、あるいは真っ向から対立するときに、計画があっさり頓《とん》挫《ざ》してしまうものなのです。たとえば、頭で考えていること

蟹座−獅子座カスプの有名人

ロビー・ロバートソン、カズオ・イシグロ、デンゼル・ワシントン、リッキー・リー・ジョーンズ、井上雄彦、江角マキコ、有森裕子、トータス松本

と、心で感じていることが、まったく逆のまま進んだところ、失敗してしまったという経験は、誰にも一度ならずあることでしょう。

同様のことは、木星がこの「振動のカスプ」にある限り、将来いつでも起こりえます。頭がそう考えているのに、心はそうではないといっている場合、どう転んでもいい結果にはなりません。

こういった分野で上手にバランスをとることは大変重要ですが、これを一度達成したあとには、もうひとつ上のレベルに進まねばなりません。それは、過去にあったことに縛られず、かつ未来への不安に臆さず、自分が現在を生きているということを自覚すること。

この、真の意味で現在に身を置くという姿勢は、「過去」対「現在」、「太陽」対「月」、「頭」対「心」のような、相反する力がひとつに解け合い、まったく意識せずにすむ状態になることで完成します。さまざまに対立する力を乗り越えて、新しい目で人生を見つめる。これからはエネルギーを現在のこの瞬間に集中し、一日一日を着実に生きていかねばならないのです。

このような問題をひとつひとつ処理していける限りにおいては、この期に木星があるときは、大きな成功を手にできます。しかしひとつのステップでつまずいたり、必要な努力を惜しんでしまったりすると、運命の女神もまた、幸運を出し惜しみするものです。この期の木星はまったく油断がなりませんから、よくよく慎重につきあうことが大切です。

人生の激しい急流にもみくちゃにされるか、それとも自分の才覚を駆使して、地震や予期せぬ天災を乗り切っていくか、すべてはあなたの態度ひとつにかかっているのです。

この期をラッキーポイントとする人の

幸運の７週間

出生時に木星がこの期にあったなら、あなたのラッキーポイントは木星17期。次にリストアップした７週間は、あなたの幸運期として、毎年変わらず運が味方してくれることでしょう。

７月19日～25日	振動のカスプ	バランスをとる
11月19日～24日	革命のカスプ	ルールを拡張せよ
３月19日～24日	再生のカスプ	生まれ変わるとき
１月17日～22日	謎と想像力のカスプ	空想を現実に
10月19日～25日	演劇と批評のカスプ	批評せよ
４月19日～24日	力のカスプ	引き下がるな
12月11日～18日	巨人の期	大きく考える

※ どの期においても、幸運の波に乗るには、それぞれの期の特徴をあらかじめ知っておくことが大切です。さらに詳しい解説にあたり、木星のもつ幸運のエネルギーを最大限に活用しましょう。

第18期
下準備が肝心

権威の期
獅子座1期

［この期の木星がもたらす幸運］

この期の木星は、一生懸命努力をした人に味方する傾向があるので、幸運を授かるのは一種当然といった趣があります。熱心に調査活動を行った、師の教えに忠実に従って頑張った、会社、精神・宗教的グループなどで力を尽くした、そういう人々に成功を引き寄せてくれるでしょう。権威のある人や組織から認めてもらうことで、人生が安定し、自信をもって生きていけるということはよくあるもの。たとえそういった権威が、後で考えてみたら幻想にすぎなかったとしても、そのときは、あなたが前進するのに必要だったことはまちがいありません。特に仕事のキャリアや昇進において、権

幸運への近道

真実を愛する、忠実、情熱的

注　意

フラストレーションを溜めやすい、わがまま、自己中心的

威の果たす役割は大きいものです。

多くの場合、神と通じる道は、組織だった宗教にあるのではなく、むしろ神聖と密接につながろうとする人間の気持ちにあるようです。なかには、ある他者と深い関係を結ぶことで、より大きな力を得る人もいて、エマーソンのいう、真の教会は人の心のなかにあるという主張の正しさを証明するようです。実際のところ、家族、宗教の指導者、親しい友人など、血肉の通った人間を頼みにする人もいれば、たった一冊の本、あるいは系統だった一連の書物を絶対的な心の拠《よ》り所にして、日常的に、あるいは困難にぶつかったときに、助言を求めてページを開く人もいるでしょう。

そういった、自分に絶対的な指針を与えてくれる存在を見いださない限り、この期に木星の幸運を得て成功するのは難しいでしょう。出生時に木星がこの獅子座１期にあった人は、遅くとも三十代はじめには、これだという物や人に出会うはず。本でも、人でも、組織でも、体制でも、出会った瞬間にピンときて、これこそ自分の人生の支柱になるものだと気づくはずです。この時点ではじめて、獅子座１期に位置する木星の幸運に手が届き、約十二年に一回、この期がめぐってくるたびに、成功を呼ぶことが可能になります。

人はだれでも歳を重ねていくと、なんらかの分野で自分が権威ある地位につくことが増えるもの。すでにそういう立場にあるなら、この期に自ら重要なプロジェクトを開始すると、成功に恵まれる可能性があります。もちろん、自分の意見を他者に強引に押しつけたり、しゃにむに押し切って相手を圧倒したりするような行為に出るのは危険です。さらにこの期の幸運は、他者にではなく、あなた自身に向けられるものですから、とにかく自分が頑張り続けることが大事で、他の人をそそのかして、きみにもきっとできるから、などといってはいけません。

ひとつ危険なのは、仕事のゴールを追い求めるあまり、私

獅子座１期の有名人

オスカー・シンドラー、シモーヌ・ド・ボーヴォワール、ミック・ジャガー、ロバート・デ・ニーロ、ニコール・キッドマン、ヴィン・ディーゼル、シンニード・オコナー、田村正和、浜崎あゆみ、椎名林檎

生活を犠牲にしてしまうこと。時間もエネルギーもすべて仕事のキャリアや出世のために費やしていては、プライベートで実のある関係は結べませんし、恋愛もうまくいきません。木星が獅子座１期にあるときは、利の追求に溺れるあまり、身近であなたを愛してくれる人の存在を忘れないよう、じゅうぶん気をつけましょう。また、あまりに感情を胸の内に押し込めると、自分を素直に表現できなくなって、いつしか精神に深刻なダメージを受けることもあるので、注意が必要です。

ここでは他者の意見に耳を傾けることも重要です。特に職場では、同僚、クライアント、従業員の気持ちに鈍感になってしまうと、思わぬ問題が発生します。こういった人たちの抵抗にあえば、あなたのキャリアプランは一筋縄ではいかなくなり、ひどいときには成功の道に大きな障害が生まれます。さまざまな考えに理解を示し、心をオープンにするよう心がけ、尊大な人間とか、頑固者というレッテルが貼られないよう注意しましょう。

この獅子座１期に木星があるとき、権威あるシステムを採用することは、長い目で見れば、きっとあなたの役に立つでしょう。ただし、その根幹にある主義や原則については定期的に見直しをして、時代遅れのものや、あなたの目的に適さないと考えられるものを、排除していくことが必要です。さらに、職業倫理にかかわる原則だけは、つねに大事に維持していくこと。たとえそれで仕事の進みが悪くなるとしても、正しい道からはずれるよりはましです。あなたの評判もずっと好ましいまま、傷つくことはありません。

この期をラッキーポイントとする人の

幸運の７週間

出生時に木星がこの期にあったなら、あなたのラッキーポイントは木星18期。次にリストアップした７週間は、あなたの幸運期として、毎年変わらず運が味方してくれることでしょう。

７月26日～８月２日	権威の期	下準備が肝心
11月25日～12月２日	独立の期	自分の力で
３月25日～４月２日	子どもの期	あどけなさの勝利
１月23日～30日	才能の期	先鞭をつけよ
10月26日～11月２日	強さの期	レーザー光線を照射せよ
４月25日～５月２日	発現の期	自分のものにせよ
５月25日～６月２日	自由の期	束縛を断て

※ どの期においても、幸運の波に乗るには、それぞれの期の特徴をあらかじめ知っておくことが大切です。さらに詳しい解説にあたり、木星のもつ幸運のエネルギーを最大限に活用しましょう。

第19期
着実かつ誠実であれ

バランスのとれた力の期
獅子座２期

[この期の木星がもたらす幸運]

じっくり腰を据えて、ひとつのことに取り組み、自分を頼りにしている人たちに対して、しっかり責任を果たす。この期はそんなあなたに成功のチャンスがめぐってきます。その場限りの儲け話や、手っ取り早く金を稼げるといった安直なプラン、その他さまざまなタイプの賭け事や株式市場での投機的事業などには手を染めないのが賢明です。

家族と充実したひとときを過ごすのは、心の健康にとてもよく、ひいてはそれが、仕事をもっと頑張ろうというやる気を生み出します。ただし家族に楽をさせてやりたいと思うばかりに仕事に精を出しすぎ、愛する人たちから、あなたとい

幸運への近道

相手に尽くす、信用する、肉体的

注　意

自虐的、落ち込む、うしろめたい気持ちになる

っしょに過ごす時間を奪ってはいけません。お金を稼ぐ時間と、家族と過ごす時間のバランスを上手にとることが成功の秘訣です。

出生時、木星がこの位置にあった人は、人から尊敬される行いを重ねていくことが、人格形成の要《かなめ》となります。高い道徳的価値を見いだせる仕事につけば、きっと幸せを手にすることができるでしょう。またそうでない人も、木星がこの期にあるときは同じことがいえます。高い目標を設定した場合も、それを達成することが、道徳的に非常に褒められることだとなれば、この時期、モチベーションはいやが上にも高まります。とはいえ、自分より道徳心に欠ける相手に対して、ひどく批判的な態度をとったり、報復措置をとったりする危険もあるので注意が必要です。むしろ他人のことは気にせず、自分だけでも誠実にやって成功する。そう割り切ってしまうのがいいでしょう。

木星がこの期にあるときに立ち上げたプロジェクトは、適切な時間をかけることで、よい結果が生まれます。もしかしたら数年という長い時間がかかるかもしれませんが、ここは大きく構えることが大事です。また量的にも質的にも高いゴールを目ざすプロジェクトなら、成功のために思いきった投資をすることも必要です。後できっと大きな利益がついてもどってくるので、ここは大胆にいきましょう。

木星が獅子座２期にあるときは、あちこちで攻撃的なムードが強くなります。知らず知らず他人を激しく攻撃している自分に気づいて、驚くかもしれません。木星がこの期にあるときは、自己反省がとても難しいのですが、ここで少しでもそれができれば、あなたの立場は大変有利になります。対決の場で自ら身を引くことは非常に難しく感じるでしょうが、たとえいっとき嫌な役まわりを引き受けなければならないとしても、黙って身を引いたほうが賢明である場合も少なくないのです。自分の立場を守るために強く出るのはいいのです

獅子座２期
の有名人

アート・ブレーキー、アイザック・アシモフ、フェデリコ・フェリーニ、テレンス・コンラン、エリザベス・テイラー、ジョージ・ルーカス、ダイアナ・ロス

が、下手に感情を爆発させると危険です。最後には気高い行動をとった者が報われるというのは、ここでもやはり真実です。

この期にはまた、ヒーローのような行動に駆りたてられ、だれかを守ってやりたい気持ちが特に強くなります。自分より弱いものが傷つくことは決して許さず、正義が正しく行われるのを自分の目でみなければ気がすまなくなりそうです。徹底的に正義を追求するという身には、妥協はがまんならないでしょうが、紛争解決の基本的原則として、ある程度の駆け引きは必要です。共倒れとなり、両者ともに破滅に向かうのを避けるため、バランス感覚を働かせる。それはじつはとても崇高なことで、これこそ、そういった場面を通じて、あなたが学んでいかなければならないことかもしれません。

獅子座２期に木星があるときは、しばしば肉体的欲求が高まり、とにかく身体がうずうずしてきます。そのような欲求は、さまざまな形で身体を動かすことで、上手に満たしてやることが大切です。肉体を鍛えるエクササイズでも、人と競い合うスポーツでも、積極的に取り組んでみるといいでしょう。さらにはこの時期、刺激的なセックスに夢中になる傾向もあります。生活のバランスを失わないためには、精神面もなおざりにしてはいけません。精神と肉体の調和をはかるために、ヨガやタントラをベースにした運動、精神性の強い武道や武術をやってみるのもお勧めです。心のヒーリング効果が高いエクササイズが見つかれば、進んで試してみるといいでしょう。

この期をラッキーポイントとする人の

幸運の7週間

出生時に木星がこの期にあったなら、あなたのラッキーポイントは木星19期。次にリストアップした7週間は、あなたの幸運期として、毎年変わらず運が味方してくれることでしょう。

8月3日〜10日	バランスのとれた力の期	着実かつ誠実であれ
12月3日〜10日	創始者の期	新しい発想を
4月3日〜10日	星の期	輝け！
1月31日〜2月7日	若さと安らぎの期	冷静に
11月3日〜11日	深さの期	内面を深く見つめよ
5月3日〜10日	教師の期	教訓を得よ
9月11日〜18日	ストレートに解釈する人の期	ただ事実のみを

※ どの期においても、幸運の波に乗るには、それぞれの期の特徴をあらかじめ知っておくことが大切です。さらに詳しい解説にあたり、木星のもつ幸運のエネルギーを最大限に活用しましょう。

第20期
先頭に立て

リーダーシップの期
獅子座3期

［この期の木星がもたらす幸運］

この期のあなたには、リーダー的な役割が求められることでしょう。家庭や職場や仲間内など、身近に目をやれば、舵《かじ》取り役がいないために方向を見失い、不安に揺れている集団が必ずあるはずです。でも、どうして自分が？　これまでリーダーになったことなどないのに、という人もいるかもしれませんが、それならぜひこれを最初の経験に。今ほど、新しいことにトライするのに最適な時期はありません。

リーダーにとって一番大切なのは、みんなの願いを正しくききとること。それさえはっきりわかっていれば、半分成功を手にしたようなものです。

幸運への近道

リーダーになる、英雄的、クリエイティブ

注　意

横柄、自分勝手、無神経

よいリーダーというのはたいてい、過去によい生徒であり、アシスタントであり、部下であった経験があるもので、みんながリーダーにどんなことを期待するのかよくわかっています。ですから人間のさまざまな心理的要素をふまえた上で、メンバーの心をひとつにまとめ、共通の目標に向かわせることができるのです。リーダー自身グループに対して忠節を尽くしている、その姿を見ていれば、メンバーもリーダーに強い信頼を寄せ、さあ頑張っていこうじゃないかと、がぜんやる気を出すはずです。この期は、あなた個人の目標を追い、出世をめざす時期ではありません。集団の幸せを願い、メンバーひとりひとりが毎日の仕事に満足感をもてるようになる、それを第一義に置くべきです。

またこの時期は、ちょうど自分自身の家庭を作りあげていく時期と重なることが多いもの。親として、あるいは家族の大黒柱として、あなたの肩に、子どもたちに対する大きな責任がかかってくる時期です。あなたはそこで、小さな者たちを正しい方向に導いてやらねばなりません。それには、人間の心理や発達に関する正しい知識、さらには健康、教育、娯楽、家計、家事、衣服や料理に至るまで、広範囲にわたる素養が求められるでしょう。母親でも、父親でも同じです。もちろん家族を率いていく上では、何よりも愛情と強い責任感が欠かせないのはいうまでもありません。もしこれから家庭をもちたいと考えているなら、今が行動を起こすのに絶好の時期です。どうぞ正しい一歩を踏み出して、幸せな家庭を築いてください。

誕生日の木星の位置が、この獅子座３期にある人は、生まれながらにリーダーの資質を備えており、どんなグループでも上手にひっぱって、より高いレベルまで引きあげていくことができます。生涯に一度あるかないかのまたとないチャンスですから、ここではとにかく、高いゴールをめざしてみましょう。絶対成功できるというあなたの自信を、みんなにも

獅子座３期の有名人

リンドン・ジョンソン、マイク・ニコルズ、ウンベルト・エーコ、ダイアン・フォッシー、カトリーヌ・ドヌーヴ、アリス・ウォーカー、ジェフ・ベック、ジミー・ペイジ、ヨー・ヨー・マ、ビヨン・ボルグ

植え付けてやるのです。別に誕生日がそうでなくとも、この期に木星があるときはいつでも、すでにあるグループのリーダーシップをとろうという人、あるいは自分が新しいグループを作ってみようという人には幸運が味方してくれます。十二年に一度という大きなスパンでめぐってくる期ですから、準備を整える時間はたっぷりあります。きたるべきときをめざして、必要な準備を万全にしておきましょう。ある時期、徹底的に学習したり経験したりしたことは、将来実際にリーダーの役が回ってきたときに大いに役立つはずです。

リーダーには、人並みはずれた自己犠牲の精神が必要とされます。自分のことしか考えない、自己中心的な人間であってはいけません。専制君主でない限り、どんな統治者も、統治される側の賛成を得なければならないことをつねに頭に入れておきましょう。リーダーがメンバーを無理矢理引きずっていったり、力でいうことをきかせようとするより、みんなが自然に力をひとつに合わせて、リーダーの指示する方向に向かうほうがずっと楽に前進できますし、より大きな力を発揮することができます。リーダーはなにも、すべてを知り抜いたスーパーヒーローである必要はありません。全知全能は神の資質であって、人間に要求されるべきではないのです。ときには自分の本心や弱いところも見せて、リーダーがメンバーから許してもらう、あるいはメンバーがリーダーから許されるという場面も必要です。それがあってはじめて、自分たちの気持ちをわかってくれる、思いやりにあふれたリーダーだと、メンバーから認めてもらえるのです。あなたの資質に大きな信頼と尊敬を寄せる人たちは、家族でも、職場のスタッフでも、クラブの仲間でも、きっとこの世の果てまであなたについていくことでしょう。

この期をラッキーポイントとする人の

幸運の7週間

出生時に木星がこの期にあったなら、あなたのラッキーポイントは木星20期。次にリストアップした7週間は、あなたの幸運期として、毎年変わらず運が味方してくれることでしょう。

8月11日～18日	リーダーシップの期	先頭に立て
12月11日～18日	巨人の期	大きく考える
4月11日～18日	開拓者の期	発言せよ
2月8日～15日	受容の期	戦わない
11月12日～18日	魅力の期	魅了せよ
5月11日～18日	自然の期	ありのままの自分で
4月25日～5月2日	発現の期	自分のものにせよ

※ どの期においても、幸運の波に乗るには、それぞれの期の特徴をあらかじめ知っておくことが大切です。さらに詳しい解説にあたり、木星のもつ幸運のエネルギーを最大限に活用しましょう。

第21期
上手にかくれんぼうを

露出のカスプ
獅子座–乙女座カスプ

［この期の木星がもたらす幸運］

木星がこの期にあるときは、成功のために、かくれんぼうが必要になりそうです。思い切って前に出ていって自分の考えをさらけだすほうがいい場合と、後ろに隠れて黙っていたほうがいい場合を見きわめて動くことが大切なのです。タイミングさえまちがわなければ、こちらの願った通りに物事は進むはずですが、うまくいかずにコケてしまったら、それはそれ。立ちあがって、ほこりを払い、またよい時期を見計らって、再挑戦すればいいのです。

誕生日の木星の位置が、この期にあたる人は、誰も気づかないうちにちゃっかり成功を収めていて、周囲をあっといわ

幸運への近道

控えめ、観察力を鋭く、華やか

注　意

ナルシスチック、隠しごとをしたがる、共有できるものがない

せることがよくあります。それというのも、あなたは、他人に見えない好機を確実につかみ、人生の表舞台にタイミングよく出て行けるセンスがあるからです。

どんな人にもいえることですが、この時期の成功の鍵は、目立たないアプローチにあります。細心の注意を払いながら真剣に目標物を追いかけつつ、実際まわりの人間には、あなたがそんなことをしているなど、夢にも思わせないことです。他人の注意を引かないことが、ほしいものを楽に手に入れる一番の秘訣。ときには正攻法を避け、人の目をくらます作戦でいくことも必要です。あなたが何を望んでいるのかわからなければ、まわりだって反対することはできません。ですから、いかにもどうでもよさそうにふるまいつつ、じつはしかるべきときがくるのを陰に隠れてじっと待っているというのが正解。そしていざチャンス到来となれば、その一瞬の機を確実にとらえる。ちょうど獲物を狙うトラやカマキリさながらに、狙っていた物に飛びかかり、自分のものにするのです。

このカスプにある木星は、獅子座のどこまでも激しい気性と、乙女座の現実に根ざした実際的な性質の両方から影響を受けます。直観と分別という、ふたつの力の組み合わせは、ほとんどの場合有利に働きます。大胆な行動に出つつ、しかも理性を失わない。これは成功という獲物を狙うハンターにとって、まさに理想的な資質です。ここでは待つという力が何よりも重要ですが、さらにまた、ここぞというときに即行動に出られる鋼のような意志も必要です。身を隠すことが得意な乙女座。そして自分をさらけ出すことが得意な獅子座。繰り返しになりますが、やはりここでは、その両者の性質がほしいものを確実に手に入れる武器となるのです。

他人の目に、あなたがどことなくミステリアスな存在に映るのは、人の注意を引かず、口をつぐむべき場面をわきまえているから。思い切った投資をしてみたり、一見到達不可能

獅子座−乙女座カスプの有名人

ジム・モリソン、ウーピー・ゴールドバーグ、ビル・ゲイツ、トム・ハンクス、メル・ギブソン、ジュリア・ロバーツ、久米宏、中村紘子、加賀まりこ、加藤登紀子

に思えるゴールをめざしたり、他人が失敗したことに再挑戦してみたりといったことも、それをごく内輪で、あまり人に知られないように進めることができれば、大きな成功につながるでしょう。一番望ましいのは、ひとりかふたりの絶対的な協力者を除いて、企画をだれにも知られずに進めること。成功の暁にも、それをまわりにひけらかす必要はありません。たとえ周囲に少しも認められなくても、結果そのものがあなたへのご褒美です。さらにいえば、ほんとうは、成否さえもあまり重要ではないのです。ひとつの目標に向かって奮闘した経験自体に大きな価値があり、それが次の頂上をめざす力になるからです。

この時期は、過去の秘密や、印象深い出来事を人に告白するべきときではありません。敵が耳ざとくきいていて、あなたを不利な立場に立たせる材料に使うかもしれません。よって対人関係においてはミステリアスな存在であり続けるのがベスト。どこからともなく現れたストレンジャーが、大事なことを成し遂げたのちに、また霧のなかに消えていく。追い求めようにも、つかみどころがなく、かげろうのように消えてしまう存在でいるのです。チャーチルがロシアのことを、謎の謎、そのまた謎であるといったことを思いだしてください。

約十二年に一度、木星はこの獅子座–乙女座カスプに入るわけですが、この時期は一度世間からひっこんで、将来の計画を練るのに最適の時期となります。なんでもきちんきちんと処理したいあなたなら、過去の成功や失敗をリストアップし、将来もっと積極的に出られるチャンスが到来したとき、それを踏み台にして大きく飛躍するというのもいいでしょう。自分の活動を振り返ることや瞑想なども、この時期特に幸運を呼びます。その最中に突然天啓を受け、将来の大事業について、エネルギーと方向性が得られることもめずらしくはありません。

この期をラッキーポイントとする人の

幸運の７週間

出生時に木星がこの期にあったなら、あなたのラッキーポイントは木星21期。次にリストアップした７週間は、あなたの幸運期として、毎年変わらず運が味方してくれることでしょう。

８月19日～25日	露出のカスプ	上手にかくれんぼうを
12月19日～25日	予言のカスプ	水晶玉をのぞく
４月19日～24日	力のカスプ	引き下がるな
２月16日～22日	鋭敏のカスプ	感覚を研ぎ澄ませ
11月19日～24日	革命のカスプ	ルールを拡張せよ
５月19日～24日	エネルギーのカスプ	身のまわりを活気づけよ
３月３日～10日	孤独な人の期	休みをとる

※ どの期においても、幸運の波に乗るには、それぞれの期の特徴をあらかじめ知っておくことが大切です。さらに詳しい解説にあたり、木星のもつ幸運のエネルギーを最大限に活用しましょう。

第22期
秩序をつくりだせ

組織の建設者の期
乙女座1期

［この期の木星がもたらす幸運］

この期は、どんな人でも、生活に秩序をもたせることで、幸運を呼びこむことができます。とりわけ木星がこの期にあるときに生まれた人は、秩序ある毎日のなかでこそ、自分が最高の力を発揮できることに気づいているはずです。きちんとしたルールを決め、それを守って生活していくことで、いい結果を出していくというわけです。逆にいえば、なりゆき任せのだらしない生活になると、何事もうまくいかず、悲惨な目に遭うということですから注意が必要です。

出生時に木星がこの期にあった人、あるいはこの期に仕事やプライベートで重大な局面を迎えようという人は、よい結

幸運への近道

秩序だてて、頼りになる、サービス精神

注　意

厳格、人の気持ちに鈍感、自暴自棄になりがち

果を生むためには、なんといってもきちんとした枠組が大切。綿密な計画を立て、系統だった準備をしておく必要があります。

ここではふだん以上に、筋の通った思考、論理的に物事を組み立てる力が要求されます。プレゼンテーションひとつとっても、いかに組織だった発表ができるかが成否の分かれ目。裏付けとなる資料を系統的にそろえ、オーディオやヴィジュアルをタイミングよく使う。無駄をばっさり削って、ほんとうに大事な資料だけを提示しつつ、核心をついた発言をすることです。

同様に、ファッションについても、ごてごて飾るよりも、シンプルで、こざっぱりとした印象を与えることが成功の秘訣。装飾過剰になっては、印象が散漫になって、あなたの魅力がひきたちません。この期は、首尾一貫したセンスの良さで勝負し、あなたの魅力を周囲にストレートに伝えてみましょう。

これは恋愛のアプローチについてもあてはまります。あなたが静かで抑え気味の態度をとれば、逆に相手のほうはガードを緩めて、感情を素直に表現してくれるもの。うまくいけば、向こうから歩み寄ってくれるかもしれません。

さらに、何事も一度事態が紛糾してしまうと、収拾をつけるのが難しくなるのも、この期によくみられる傾向です。感情の動きが激しい人の場合、特にそれが顕著ですから注意が必要です。ここではとにかく、誠実な態度で正面から問題に向かっていきましょう。横道にそれたり、あれこれ余計な想像にかまけていたりするのはＮＧ。一度にワンステップずつ、事を着実に処理していきましょう。この期は、感情をコントロールしようと努力することが、そのまま世間的な成功や出世につながります。ヨガや瞑想など、精神の陶冶《とうや》につながる活動を熱心に行うのもいいでしょう。

秩序を重視しろというと、杓子《しやくし》定規で面白みのない人生を

乙女座１期の有名人

マリオ・プーゾ、グレン・グールド、ピーター・セテラ、草野マサムネ、石野卓球、織田裕二、ジェシカ・シンプソン、クリスティーナ・リッチ、原田知世、仲間由紀恵、広末涼子

送れといわれているような気がするかもしれませんが、実際そんなことはありません。あらかじめ計画をきちんと立てておけば、イライラや心配が前もって排除され、たいていどんな場面でも、楽しい時間を過ごせます。

この期にスタートする事業は、最初にじゅうぶんなエネルギーが投入され、今後の計画が綿密に練り上げられていれば、将来必ず大きな実を結ぶはずです。さらに、成功を焦って無理矢理押し進めるよりも、たとえゆっくりでも、着実に進めていったほうが、よい結果につながるようです。誕生時に木星がこの期にあった人、あるいはこの期に何か重大なことが控えている人は、とにかく忍耐力が成功の鍵。歩みは遅くとも、一歩一歩着実なアプローチを心がけることで、たしかな成功を手にできます。

また、この期の木星は何よりも安定志向。一か八かの賭けに出ることや、金銭面でも愛情面でも、人生の危ない橋をわたることを嫌います。向こう見ずにつっぱしってでも何かを手に入れようという姿勢でいては、木星にそっぽを向かれてしまいます。つまりここでは、何も準備しないで物事を楽観することはできません。成功を手に入れたいのなら、万全の注意を払って用意を周到に整えるべきです。

また、危険や大きな投資は一箇所に集中せず、分散するのが賢明といわれますが、あちこちに手を広げすぎるのも考え物。厳しい選択眼でもって、エネルギーの投入先をしぼったほうが、成功につながる道をみつけやすいものです。

この期をラッキーポイントとする人の

幸運の７週間

出生時に木星がこの期にあったなら、あなたのラッキーポイントは木星22期。次にリストアップした７週間は、あなたの幸運期として、毎年変わらず運が味方してくれることでしょう。

８月26日〜９月２日	組織の建設者の期	秩序をつくりだせ
12月26日〜１月２日	支配者の期	支配権を握れ
４月25日〜５月２日	発現の期	自分のものにせよ
２月23日〜３月２日	魂の期	瞑想の時間
11月25日〜12月２日	独立の期	自分の力で
５月25日〜６月２日	自由の期	束縛を断て
10月19日〜25日	演劇と批評のカスプ	批評せよ

※ どの期においても、幸運の波に乗るには、それぞれの期の特徴をあらかじめ知っておくことが大切です。さらに詳しい解説にあたり、木星のもつ幸運のエネルギーを最大限に活用しましょう。

第23期
ミステリーを解け

謎の期
乙女座２期

[この期の木星がもたらす幸運]

この期は、シャーロック・ホームズやミス・マープル、エルキュール・ポワロに倣って、目の前に立ちはだかった問題を解きましょう。この期に持ちあがる謎は、とりわけ深いものですが、解決の暁には、仕事でも、プライベートでも、恋愛関係においても、成功というご褒美が待っています。十二星座のなかで、ミステリアスとして有名なのは蠍《さそり》座ですが、秘密を守り、謎を解くということに関しては、乙女座の専門分野。さらにその２期ともなれば、謎を解く力は最高潮に達します。よってこの期に入ったら、身のまわりのさまざまな不思議を解明するのはもちろんのこと、もっと大きな謎に正

幸運への近道

趣味がいい、合理的、思慮深く

注　意

ガードが固い、厳密すぎる、よそよそしい

面から向かっていくことが成功の鍵となります。あなたにとって最大の謎——それはすなわち、あなた自身です。

たとえばここで、あなたが殺人事件の謎を解くことになり、調査に乗りだしたとしましょう。容疑者を次々と洗っていくうちに、どうやらもっとも疑わしいのは、他ならぬ自分であったということに……。何やら恐い話になってしまいましたが、これは、自分を理解することが何よりも大切であるというたとえです。自分のことがよくわかれば、プライベートでも職場でも、他人とうまくつながることができ、その結果、成功のチャンスがあちこちで生まれます。ここでは「汝《なんじ》自身を知れ」というのがモットーなのです。

この期はまた、当たり前の日常から抜け出て、ひとりで何かに没頭してみたい気持ちが強まるかもしれません。その結果、それまで自分には縁のなかった、不思議なこと、神秘的なことに目が向いても驚くことはありません。この期には、人間のもっとも不思議な面に触れたり、奇妙なこと、あり得ない偶然に出会ったりするのは、ごく自然なことだからです。

誕生日の木星がこの期にある人は、おそらくまっすぐな人生行路は進まないでしょう。他人はそんなあなたを、謎めいた人、秘密主義の人と見るはず。たとえ一見社交的に見えても、あなたの場合、それはあくまで表向きだけであることが多いものです。

出生時に木星がここにあった人、あるいはこの期に、金銭面での成功を狙う人は、トランプゲームや賭け事、株式市場での先物取引やオプション取引が有利です。いいかえれば、手っ取り早く稼げるものに運がついてくるということ。もちろん、限度をわきまえることは必須《ひつす》ですが、直感とともに論理的思考をじゅうぶんに働かせることができれば、この期のギャンブルは成功の確率が高いといえます。

会社で働いているなら、この期はみんなのまとめ役を買っ

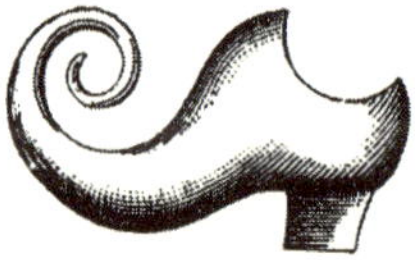

乙女座２期
の有名人

クインシー・ジョーンズ、キース・ジャレット、ピート・タウンゼント、フィリップ・ロス、ジャン=ポール・ベルモンド、レスリー・チャン、オリバー・サックス、野茂英雄

てでるのもいいでしょう。どういうわけだか全社的に利益が上がらず、出費ばかりがかさむというときはなおさらで、その謎を解き、会社を再び活性化するのはあなたの役目です。フリーで仕事をしている人なら、この期に得意の分野でコンサルタントやアナリストの役を買ってでると、将来大きな実を結ぶかもしれません。

ただし、謎を解くのに夢中になって個人のプライバシーにまで立ち入ってしまうと、思わぬところで激情に触れ、強い抵抗にあったり、あからさまな怒りを一手に引き受けたりということにもなりかねません。他人の問題にすぐ首をつっこみたがる、おせっかい屋といわれないためにも、強すぎる欲求は別のところで上手に満たしてやりましょう。たとえばミステリー小説を読んだり、その手のビデオや映画を楽しんだりなどすれば、それだけでも大きな満足感が得られ、他人に余計な口出しをするというような愚かな失敗をしなくて済むはずです。また、自分とは直接かかわりがないものなら、実際の事件について推理してみるのもいいでしょう。

この期はさらに、専門的な研究に没頭したり、人々の行動の裏を探るために心理学を勉強したりするのもお勧めです。ただし夢中になりすぎて、現実生活で本来取り組まねばならない仕事や、愛する人たちの要求をなおざりにしてはいけません。また、高い理想をもつあなたは、他人に対しても自分に対しても、厳しい目で見てしまいがち。困難な仕事に一途《いちず》に向かうあまり、ストレスですっかり消耗してしまうという結果にならないよう、注意が必要です。

この期をラッキーポイントとする人の

幸運の７週間

出生時に木星がこの期にあったなら、あなたのラッキーポイントは木星23期。次にリストアップした７週間は、あなたの幸運期として、毎年変わらず運が味方してくれることでしょう。

９月３日～10日	謎の期	ミステリーを解け
１月３日～９日	決意の期	本来の務めを越えて働く
５月３日～10日	教師の期	教訓を得よ
３月３日～10日	孤独な人の期	休みをとる
12月３日～10日	創始者の期	新しい発想を
６月３日～10日	新しい言語の期	言葉で攻めよ
７月26日～８月２日	権威の期	下準備が肝心

※ どの期においても、幸運の波に乗るには、それぞれの期の特徴をあらかじめ知っておくことが大切です。さらに詳しい解説にあたり、木星のもつ幸運のエネルギーを最大限に活用しましょう。

第24期
ただ事実のみを

ストレートに解釈する人の期
乙女座３期

［この期の木星がもたらす幸運］

木星がこの期にあるとき、成功の鍵はふたつあります。ひとつは自分の願いを知ること。そしてもうひとつは、その実現に向かってまっすぐ突き進むこと。それもできるだけ実際的なアプローチをするのがベストです。ずいぶん簡単そうにきこえるかもしれませんが、これが意外に大変。というのも、わたしたちのだれもが、ほんとうの意味で自分の願いを知っているわけではなく、また知っていたとしても、ちょっとしたことで脇見をして方向を見失い、なかなか実現にもっていけないからです。ここでは夢や想像よりも、厳然たる事実をつねに優先させるべきです。また、周囲からの信頼を失

幸運への近道

沈着、人を育む、役に立つ

注　意

目立ちたがり、価値観を押しつけたがる、無慈悲

わないためにも、約束したことは必ず実現させなければいけません。

すなわちこの期には、将来に向けて揺るぎないプランを立てることが重要です。自分の懐ぐあいを正確に把握した上で予算を見積もり、きたる数週間、数カ月に向けて、最高のチャンスがどこで得られるかを考えながら、周到な計画を立てるのです。そしていざ行動する段階に入ったら、一度にひとつのことにエネルギーを集中し、それを完全にやりとげてから次へ進むのが鉄則です。しかしながらこの期はそうそうじっくり構えてもいられません。とっさの判断で動かねばならない場面が続出する可能性があるからです。地味な努力をこつこつ重ねるというより、その場その場でいかにうまく立ち回れるかが勝負です。進む先に困難や脅威の影を認めたら、頭をよく働かせて機敏に反応していくことが大切です。

ここではあなたの知的能力が、最高の結果を生む鍵に。論理的思考と理性的判断に加えて、常識を働かせることが大切です。この期には、机上の空論やかなうはずのない約束、一か八かの勝負に賭けるのは禁物です。もともと、きめ細やかな乙女座の影響を受ける期ではありますが、何かの仕事、あるいは奉仕的な活動に携わる際には、綿密な準備に加えて、直感を働かせることが、よい方向に進む鍵になります。奉仕というのは、本来他人の幸せのために尽くすことですが、この期では、ときに自分のことを先に考えるのも必要であることを学びましょう。他人の幸せと、自分の幸せを考える気持ちがちょうどいい具合にミックスされたとき、もっともいい働きができるものです。

木星がこの期にあるときに生まれた人は、まちがいなく分別に長けているはず。おそらくこれまで、冷静になることで、もっともよい結果を手にしていたことでしょう。しかしこの時期は、そんなあなたも含めて、だれもが燃えるような思いに駆りたてられる傾向があり、日常生活にドラマのよう

乙女座３期の有名人

アレックス・ヘイリー、ジャック・シラク、オノ・ヨーコ、ロマン・ポランスキー、アウン・サン・スー・チー、エリック・クラプトン、ミア・ファロー、マルチナ・ナブラチロワ

な瞬間が生まれるかもしれません。職場でも仲間内でも、他人に何かを説明する際に、ドラマチックに、面白おかしく伝えられる人は有利です。ですからここは、事実を伝えるだけで満足してしまわず、少々味付けをしてみましょう。ドストエフスキーもまた、事件を報告する際には、多少の嘘が必要だといっています。真実はあまりに信じがたく、多少の嘘を交えてやらねばだれも信用しない、というわけです。

木星が乙女座３期にあるときは、大きな決断をする必要が間近に迫っています。転職や引っ越し、結婚・離婚など、内容はさまざまでしょうが、この期はその計画を練り、将来のための下地作りをしておくのに絶好のときです。大切なのは、実際にここで行動を起こすのではなく、もうすぐ人生の大きな節目を迎えると自覚すること。ドライブになぞらえれば、道路標識にしっかり目を配り、他の車の流れをよく見極めて上手にそれに乗る。今すぐ動きだしても状況は変わらないことがわかり、将来絶好のタイミングがやってくるまで待つことができるでしょう。

なお、木星がこの期にあるときは、実利を優先するあまり、まわりから反論や批判を浴びやすいもの。危険を回避するには、意固地にならず、いつでも他人の意見を受け止める用意があることをまわりに示してやることです。人は人、という態度を貫き、他人の考えを馬鹿にして恥をかかせるようなことはやめましょう。あなたに物事の真実がどんなにはっきり見えようと、他人もまた同じように見えるとは限りません。この時期は、頭が固くなり、人の気持ちに鈍感になりがちです。他者に対して、さらに他者の考えに対して、つねに敬意をもって接するよう心がけましょう。

この期をラッキーポイントとする人の

幸運の7週間

出生時に木星がこの期にあったなら、あなたのラッキーポイントは木星24期。次にリストアップした7週間は、あなたの幸運期として、毎年変わらず運が味方してくれることでしょう。

9月11日〜18日	ストレートに解釈する人の期	ただ事実のみを
1月10日〜16日	統治の期	腰を据える
5月11日〜18日	自然の期	ありのままの自分で
3月11日〜18日	ダンサーと夢見る人の期	月をつかめ
12月11日〜18日	巨人の期	大きく考える
6月11日〜18日	探求者の期	極限まで探求せよ
8月3日〜10日	バランスのとれた力の期	着実かつ誠実であれ

※ どの期においても、幸運の波に乗るには、それぞれの期の特徴をあらかじめ知っておくことが大切です。さらに詳しい解説にあたり、木星のもつ幸運のエネルギーを最大限に活用しましょう。

第25期
美しく装え

美のカスプ
乙女座–天秤座カスプ

[この期の木星がもたらす幸運]

木星がこのカスプにあるときは、美を大切にし、美しいものに触れることが、幸運を呼ぶ鍵となります。健康や美容に気を遣わなくなってから、もうどのくらいたつでしょう。数週間、数カ月、あるいは数年？　思いっきり買い物を楽しんだり、髪を綺麗《きれい》にセットしたりする時間もなく、マッサージやエステもずいぶんご無沙汰《ぶさた》だとしたら、今こそ自分を甘やかすときです。外見を整えることは、社会や職場での成功にツキを呼ぶのはもちろん、いつも素敵な自分でいることは、心の健康にもよい影響を与えてくれます。毎朝鏡に映る自分に満足できれば、仕事でも遊びでも、より自信をもって活動

幸運への近道

美的センスをみがく、感覚をとぎすます、調和をとる

注　意

きざ、耽溺しやすい、情緒不安定

できるはずです。

同様に、美術品関連（デッサン、油彩、彫刻、陶器、宝飾品類などなんでも）に投資するのも、この期には賢いお金の使い方といえます。それ自身、絶対的な価値を有しているだけでなく、それらを所有することで、あなた自身の格も上がる。経済的価値もさることながら、所有者の威信を高める効果も見逃せません。もともと美術に関心があった、あるいは常日ごろより、ヴィジュアルアートを思う存分楽しみたいと思っていた。そんなあなたなら、必要な材料、時間、空間を用意して、自己表現に挑戦してみましょう。またこの時期は、執筆や音楽にも絶好のツキがあり、「美のカスプ」に木星があるときに、自作の曲をレコーディングしたり、雑誌に記事を投稿したり、出版社に小説をもちこんだりすれば、成功の大きなチャンスに恵まれることでしょう。

木星がこの期にあるときに生まれた人は、外見の美しさが、社会的に大きな価値をもつことに、早いうちから気づいているはず。身だしなみを整え、美しく装うことで、人より一歩前進し、周囲の関心を集める存在になれるのはたしかです。

また、「美のカスプ」に木星があるときは、官能が特に鋭敏になるので、料理の腕を存分に発揮するチャンスでもあります。好きな人のために料理をこしらえる、あるいは料理本で勉強したレシピを実際にキッチンで試してみる。それにより、精神的な満足も得られるのは、心とお腹が直接つながっているせいともいえます。

同様に、家のなかを美しく、居心地のよい場所にすることも大切。お客様のためにリビングルームを、パートナーのためにベッドルームを快適に整えれば、そこで過ごす楽しい時間が約束されるだけでなく、生活の質自体を高めることになります。この期に、上司や特別なクライアントを呼んでディナーパーティを開けば、職場でのキャリアアップにつながる

乙女座−天秤座カスプの有名人

スタニスワフ・レム、ランディ・ローズ、ボブ・マーリー、スパイク・リー、レニー・ゼルウィガー、ピーコ、おすぎ、原由子、つんく、KABA.ちゃん

かもしれません。柔らかな照明と趣味のよいインテリアに囲まれた空間で、おいしい料理とおいしいお酒を味わうとなれば、これはもう忘れられない一夜となるはずです。

乙女座–天秤《てんびん》座カスプは、他のカスプより、隣り合う星座のコントラストがずっと弱いもの。乙女座、天秤座ともに、美的嗜好《しこう》、鑑識眼といった面で共通の性格をもつからです。天秤座は金星、乙女座は水星に支配されますが、両惑星ともに、容姿を強く意識する傾向があり、この期に入った木星も、その性質と仲よく調和し、摩擦もほとんどありません。木星が「美のカスプ」にあるときは、何よりもハーモニーが大切になるので、プライベートでも職場でも、つねにバランスをとることを頭に置きながら、物事の調和をはかっていきましょう。

ここは、言葉の深い意味を探って頭を悩ませたり、無理な負荷を掛けて肉体を鍛えたり、難しい問題に取り組んだりする時期ではありません。とにかく愉快に過ごすことが鍵となります。これも苦手な人は、自分より楽しむことが上手な人をさがして、楽しむコツを学びましょう。身のまわりにリラックスした雰囲気を作り上げ、ストレスやイライラを消し去ったとき、はからずも成功のチャンスがやってきて、驚くかもしれません。木星にとって、この「美のカスプ」に入ることは、五つ星ホテルに投宿するようなもの。このときばかりは、最上のひとときを過ごしたいと願うのも無理はありません。結局その時期は、十二年に一回、わずか数カ月しかないのですから！

この期をラッキーポイントとする人の

幸運の７週間

出生時に木星がこの期にあったなら、あなたのラッキーポイントは木星25期。次にリストアップした７週間は、あなたの幸運期として、毎年変わらず運が味方してくれることでしょう。

９月19日〜24日	美のカスプ	美しく装え
１月17日〜22日	謎と想像力のカスプ	空想を現実に
５月19日〜24日	エネルギーのカスプ	身のまわりを活気づけよ
３月19日〜24日	再生のカスプ	生まれ変わるとき
12月19日〜25日	予言のカスプ	水晶玉をのぞく
６月19日〜24日	魔法のカスプ	魔法をかけろ
１月31日〜２月７日	若さと安らぎの期	冷静に

※ どの期においても、幸運の波に乗るには、それぞれの期の特徴をあらかじめ知っておくことが大切です。さらに詳しい解説にあたり、木星のもつ幸運のエネルギーを最大限に活用しましょう。

第26期
何事も正しく

完全主義者の期
天秤座１期

［この期の木星がもたらす幸運］

この期は、仕事を最後までやりとげれば、自然に成功がついてくるものです。しかし、やるべきことが次から次へと頭に浮かんできて、今片づけなければならない仕事がなかなか手につかないのも、木星が天秤座１期にあるときの特色。それでも、ここで意志を強くもって、当面の仕事を片づけることに集中できれば、一気に好調の波に乗って、大きな成功を手にできるでしょう。

この時期には、機械類の修繕といった細かい仕事が最適ですが、細部の改良に熱を上げすぎて、それが仕事の最終目的になってしまう危険性もあり、そうなるといつまでたっても

幸運への近道

人を惹《ひ》きつける、正確さを大事にする、クール

注　意

優柔不断、厳しすぎる、感情を抑えがち

仕事が完成しません。とにかく最後まで一通り終えてから、時間の許す範囲で、難しい部分にとことん挑戦するというように、仕事のやり方を変える必要があります。

木星がこの期にあるときは、完ぺき主義を貫いて、自らにレベルの高い仕事を要求し、いい加減な出来では決してよしとしない傾向があります。理想を高く掲げ、中途半端なもので満足しないのは、仕事の面では有能さの証明であり、職場でも家庭でも一目置かれることでしょう。一度高いスタンダードを設定したら、もういい加減なやり方へあともどりすることもなく、それだけの質を維持するべく、何が何でも努力を重ねることでしょう。

ただし、そんなあなたの完ぺき主義を他人に適用するときは、くれぐれも注意が必要です。人間は、自分の仕事のまずさを指摘され、やり方を変えろといわれたら、決していい気はしないからです。

レベルの高い仕上がりを要求され、厳しい目で仕事を観察されるだけでも嫌なのに、さらにこっちの気持ちをあまり考えてくれない。そうなると周囲の人たちは、明らかにあなたを煙たがるはずです。

木星がこの期にあるときは、他人の感情などあまり考えない傾向が出てくるようです。そんなものに構っていたらよい仕事はできないと思ってしまうかもしれません。しかしながら、こういう姿勢でいると、いつのまにか周囲は敵だらけ、ということに。もう少し人の感情に敏感になり、駆け引き上手にならないと、家族や友人からも鋭い批判や反抗を呼んでしまうでしょう。

約十二年に一度しかめぐってこないこの時期は、芸術品を生み出したり、専門分野で高い技能を習得したり、美を永続させる修復作業をしたりする場面に大きな幸運が待っています。高い理想を求めようという気運が広がり、それとともに、最高の美や、最先端の技術を手にしようという欲求が強

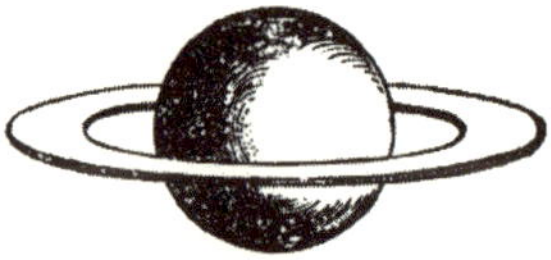

天秤座１期
の有名人

エーロ・サーリネン、黒澤明、ジュディ・ガーランド、ピーター・マンスフィールド、グロリア・エステファン、東国原英夫、クリスティーナ・アギレラ、村主章枝

くなります。新しいものを生み出す着想も数多く生まれ、たとえそれが数週間や数カ月という短時日のうちに形にならなくても、将来必ず大きな実を結ぶことが期待できるでしょう。

木星がこの期にあるときに生まれた人は、自分に対しても他人に対しても、高い要求を突きつける性格から、苦労が多かったはずです。家族や先生も、あなたがまったく妥協しないので、大変な思いをした可能性があります。もしそうだとしたら、たとえどんなに難しくても、これからは適度なところで折り合いをつける姿勢を身につけなければなりません。もっとリラックスして、あまり批判的にならないようにするのです。

木星が天秤座1期にあるときは、しばしば強い性の衝動に駆られ、その方面に過剰な興味を抱くことが多いもの。官能を多様に満足させるのはいいにしても、それと同時に常軌を逸する行為に出る危険性もあって、もっと真面目で権威のある人とつきあう場合、困ったことにもなりかねません。さらにセックスのテクニックに夢中になると、愛情をないがしろにしがちで、恋愛そのものの基盤も怪しくなる危険があります。それが原因で、知らず知らず相手に疎外感を感じさせているかもしれません。パートナーの気持ちを理解し、誠実であり続けるには、日々接するなかで小さな優しさや思いやりを見せることが大切です。愛する人に無理強いしてまで、自分の欲求を満たそうとするのはいけません。相手が心から欲している愛情を惜しみなく与えてやる、それこそがパートナーの義務です。

この期をラッキーポイントとする人の

幸運の7週間

出生時に木星がこの期にあったなら、あなたのラッキーポイントは木星26期。次にリストアップした7週間は、あなたの幸運期として、毎年変わらず運が味方してくれることでしょう。

9月25日～10月2日	完全主義者の期	何事も正しく
1月23日～30日	才能の期	先鞭をつけよ
5月25日～6月2日	自由の期	束縛を断て
3月25日～4月2日	子どもの期	あどけなさの勝利
12月26日～1月2日	支配者の期	支配権を握れ
6月25日～7月2日	共感の期	他人に心を寄せよ
12月3日～10日	創始者の期	新しい発想を

※ どの期においても、幸運の波に乗るには、それぞれの期の特徴をあらかじめ知っておくことが大切です。さらに詳しい解説にあたり、木星のもつ幸運のエネルギーを最大限に活用しましょう。

第27期
もっと社会へ！

社会性の期
天秤座２期

[この期の木星がもたらす幸運]

この期は、ひとりでいたり、世間からひっこんでいたりするときではありません。さほど社交的ではない人も、だれかと会ってちょっと意見交換でもしてみれば、もっと社会に出ていくべきだと痛感するはず。つまりこの期は、人前に出ていくことで大きな幸運を手にできるというわけです。一歩社会へ飛び出せば、あなたの存在がまわりに認められ、さまざまな活動に誘われることでしょう。また、長年ご無沙汰していた場にひょっこり顔を出せば、あなたのことを忘れていた人を大いに驚かせることに。打ち合わせ、親睦《しんぼく》会、内輪の集まり、教会や学校のＰＴＡの集まりなど、なんでもいいの

幸運への近道

最新の流行に敏感に、公正さを重んじる、洞察力に富む

注　意

独善的、深刻になりがち、自己欺瞞《ぎまん》に陥りやすい

で、いくつか選んで参加してみると、そこにまったく新しい可能性が開けているのがわかるでしょう。

そういう人づきあいの場に改めて興味を持ったら、早速、地域のグループや同好会に参加してみましょう。それによって、だれかの力になりたいとか、社会全般に貢献したいという、昔から胸にあった願いを実現することができます。新しい責任を引き受けることは、自分の能力に挑戦することであり、自身の成長にも大きく役立ちます。わたしたちはみな程度の差こそあれ、自分の存在を認められ、成し遂げたことを評価してもらいたい欲求があり、社会に参加することは、その両方の欲求を同時に満たすことでもあります。みんなと責任を分かち合い、チームの一員として働くことで、新しい展望が開け、もしそれに参加しなかったら永遠に知り合うはずのなかった人たちとも、深い交流ができるのです。

木星がこの期にあるときに生まれた人は、社会に参加することがいかに大事であるか、すでに気づいていることでしょう。バランスのいい健康的な生活を送るには、社会参加が不可欠です。たとえ孤独が好きな人も、意義深い関係を他者と築ければ、それだけ人生において成功のチャンスが広がることはわかっているでしょう。木星がこの期にあるときはいつでも、さまざまな社会組織とのつながりを深めることで、有利な立場を手に入れることができます。

社会的なグループへの参加だけでなく、これを機に、長年会っていない家族や友人と旧交を温めるのもいいでしょう。そうして再び結ばれた関係は、木星がこの期を出ていったらおしまいというのではなく、その後もずっと続く可能性が高いもの。古い関係に新しい命を吹きこもうという人、新たな関係を一から築き上げようとする人に、この期の木星は大きな幸運を授けてくれます。どんな形であれ、ここでいったん結ばれた関係は、その先何年も最初の勢いを失うことなく続いていくことでしょう。

天秤座２期の有名人

ドナルド・サザランド、ゴールディ・ホーン、ニール・ヤング、シルヴェスター・スタローン、ドナルド・トランプ、リンダ・ロンシュタットそして愛情面。木星がこの期にあるときに生まれた人も、そうでない人も、ここであなたが選んだ相手との関係は、幸運に恵まれる可能性があります。異性との気軽な交流、情熱的な恋愛、深い友情、そういったあらゆる種類の関係が、この期に花開く可能性があります。将来必ず実を結ぶという保証はありませんが、少なくともよいスタートを切れるのは確実です。ただしこの期は、相手を束縛してはいけません。会うときも、会わないときも、互いが自由に決められる、プレッシャーのない関係が求められます。こういう関係なら、たとえ仲たがいをしたとしても傷は浅くてすみます。それどころか、おたがい無傷で、より高次のレベルでつきあいを続けていくという場合もしばしばです。むしろ、一度ぶつかった後のほうが、もっと深くつきあえるもので、より価値の高い関係が長く続く可能性があります。

この期は家族関係の修復にも絶好の期。親と子を隔てていた深い溝が、何年かぶりに埋まり、心の深いところで交流できるようになるでしょう。たとえば休日に、ずっと離ればなれになっていた兄弟、姉妹が集まってみる。そうしてみると、お互い以前は気づかなかった共通点が、意外にもたくさんあるとわかって驚くかもしれません。ちょっと遠くまで足を伸ばしていっしょに散歩する。あるいはただすわって、懐かしい思い出を語り、楽しくおしゃべりしながら、互いの子どもや孫が仲よく遊んでいるのを見守る。古い傷を癒《いや》すのに、これほど優れた薬はありません。長いあいだのわだかまりが解けて、互いを許し合えるひとときは、生涯忘れられない経験となるでしょう。おそらくこれまでは、決してあり得ないと思っていた奇跡がこの期には起こるもの。どんなにかたくなで執念深い人もきっと態度を和らげるはずです。

この期をラッキーポイントとする人の

幸運の７週間

出生時に木星がこの期にあったなら、あなたのラッキーポイントは木星27期。次にリストアップした７週間は、あなたの幸運期として、毎年変わらず運が味方してくれることでしょう。

10月３日〜10日	社会性の期	もっと社会へ！
１月31日〜２月７日	若さと安らぎの期	冷静に
６月３日〜10日	新しい言語の期	言葉で攻めよ
４月３日〜10日	星の期	輝け！
１月３日〜９日	決意の期	本来の務めを越えて働く
７月３日〜10日	型破りの期	堂々と自分流で！
６月25日〜７月２日	共感の期	他人に心を寄せよ

※ どの期においても、幸運の波に乗るには、それぞれの期の特徴をあらかじめ知っておくことが大切です。さらに詳しい解説にあたり、木星のもつ幸運のエネルギーを最大限に活用しましょう。

第28期
役をまっとうせよ

劇場の期
天秤座3期

[この期の木星がもたらす幸運]

人生という舞台で、自分に与えられた役割を徹底的にこなすこと。木星が天秤座3期にあるときは、それが成功の鍵となります。ここでは、新しい仕事をさがしたり、斬新なアプローチをとったりするよりも、すでに進行中の仕事に神経を集中し、よりよい結果をめざして最後まで頑張ることが大切です。それにはメンテナンスが極めて重要。花壇作りの名手がやるように、自分という土壌にしっかり栄養を与えてこそ、毎年いい花が咲くというものです。

ここでは強い目的意識と明確な意図がものをいいます。夢や理想をむなしく追うのではなく、地に足のついた実際的な

幸運への近道

如才なく、何事にも熱心にとりくむ、知識

注　意

不注意、非難がましい、自信過剰

アプローチをとってこそ、成功に近づけるわけで、良識とノウハウの両方を身につけることが欠かせません。この期の木星は、伸び伸びとした役を演じるのが大好きですから、あなたも狭い範囲に目標を制限する必要はありません。外に向かって臆さず自分を表現し、ときには派手なぐらいに自分をアピールしてもいいでしょう。

この時期あなたに求められるのは、自分の役を思い切り自分らしく演じること。サポート役、脇役のように、他人のニーズに合わせることではありません。また、ゲームにたとえるなら、ここでは勝つことよりも、いかにプレーしたかが問題になります。誠実に戦い、他人によい印象を残すことで、将来大きな配当が返ってくるはずです。目的意識に満ち、やる気満々な態度でいれば、周囲に自然と人が集まってくるものですが、ここで注意したいのは、そういった人たちを自分の目的のために利用しないことです。目標達成を理由に同僚や部下を犠牲にすることのないよう、特に気をつけなければいけません。ここは自分自身の昇進よりも、グループ全体の進歩のほうが優先される時なのです。

この期に木星があるときに生まれた人は、役者として自分の役をまっとうするだけでなく、優秀な舞台監督になれる素質ももっています。おそらく家族や仲間から、あるいは職場の同僚から、自分たちのリーダーになってくれるよう、よく頼まれることでしょう。また将来いつでも、木星がこの期に入ったときは、他に適任者がいなければ、家庭や職場や仲間内で、自分がリーダーになってみようと思うことがあるかもしれません。どんなに恥ずかしがり屋で、控えめな人であっても、この期だけは、グループの先頭に立つのが楽しく思えることでしょう。

「劇場の期」に木星があるときは、演じることに夢中になるあまり我を忘れ、道を踏み誤る危険性もあります。そうならないように、つねに自分の行動を振り返り、やりすぎていな

天秤座３期の有名人

ブライアン・エプスタイン、ソフィア・ローレン、ベット・ミドラー、ダイアン・キートン、ビル・クリントン、フレディ・マーキュリー、ライザ・ミネリ、キース・ヘリング、ミシェル・ファイファー

いかどうかを確認しましょう。この点においては、表現力と同じくらい、つつましい態度も重要です。特に他人の気持ちに敏感になる必要があります。感情を理解するのがどうしても苦手になりやすい時期ですから、意識して身近な人たちの気持ちをわかろうと努め、相手の気持ちに寄りそいながら、その願いに耳を傾ける姿勢が大切です。

この期には、社会の要求をバランスよく受け止めるのは難しくなるかもしれません。自分の力を過信して、できること以上の仕事を引き受けてしまう可能性が高いからです。したがって、プロジェクトを引き受ける際には、事前にその中身をよく検討すること。興味をひかれても、あまり利益が見込めないと判断したら、潔く自分にブレーキをかけることです。一見、あなたの内部にあるエネルギーは無尽蔵のように思えますが、それは単なる幻想です。無駄にエネルギーを消費しないためにも、ほんとうに必要なときがくるまで、大事にとっておきましょう。自分の限界を知ることは非常に難しいことではありますが、この時期にはどうしても必要なことです。

厳しいまでに自分に拍車をかけて頑張ってきたのに、いざ成功したらストレスでぼろぼろになって動けない。これでは元も子もありません。そうならないために、一日のうち数時間、ときには丸一日、仕事を完全に忘れて、愛する人や友人と楽しい時間を過ごすことが大事です。夢中になりすぎない趣味を楽しむ、あるいはパートナーと心や身体で愛をたしかめ合うというのもいいでしょう。オフの時間が充実すれば、心が安定し、毎日幸せを感じて生きていけるものです。

この期をラッキーポイントとする人の

幸運の７週間

出生時に木星がこの期にあったなら、あなたのラッキーポイントは木星28期。次にリストアップした７週間は、あなたの幸運期として、毎年変わらず運が味方してくれることでしょう。

10月11日～18日	劇場の期	役をまっとうせよ
2月8日～15日	受容の期	戦わない
6月11日～18日	探求者の期	極限まで探求せよ
4月11日～18日	開拓者の期	発言せよ
1月10日～16日	統治の期	腰を据える
7月11日～18日	説得者の期	説得力をもて
8月11日～18日	リーダーシップの期	先頭に立て

※ どの期においても、幸運の波に乗るには、それぞれの期の特徴をあらかじめ知っておくことが大切です。さらに詳しい解説にあたり、木星のもつ幸運のエネルギーを最大限に活用しましょう。

第29期
批評せよ

演劇と批評のカスプ
天秤座–蠍座カスプ

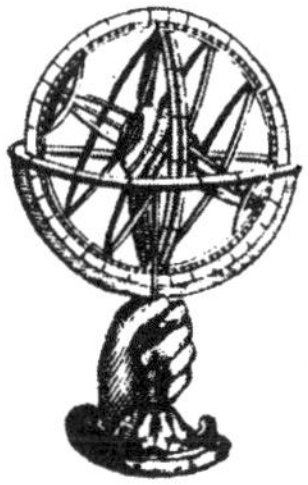

［この期の木星がもたらす幸運］

木星は何でも自由にやりたがる惑星ですが、このカスプにあるときだけは、あえて余計な部分を切り捨て、ほんとうに大事な物だけに力を集中するというのが、成功の鍵になります。上質を好むというのも木星の特徴ですから、ここでは自分の仕上げた仕事の結果も、厳しく評価しなければなりません。批評の目を働かせ、不要な枝葉を取り去った後に残る核心に力を注ぐことで、成功のチャンスがぐっとアップします。

ただし批評は両刃の剣。一方で非常にポジティブな力を発揮しつつ、もう一方では、自分や他人にネガティブな影響を

幸運への近道

感覚を鋭く、カリスマ性、芸術的

注　意

批判が厳しすぎる、耽溺しやすい、厳格

与え、ときに大変な被害をもたらすこともあります。たとえばあなたが何かを鋭く批評した場合、周囲の反応もふた通り考えられます。よくぞいってくれたと拍手し、あなたの率直さと見事な鑑識眼にひかれて近づいてくる人もいれば、逆に毒舌で冷たい人だといって、こういう人間とはつきあいたくないと、避けてくる人もいるでしょう。

とはいえ、あなたの幸運の星は、そのまわりをとりまく混乱やあいまいさを取り除いてやったときに、より一層輝きを増すことが多いようです。それには精神的な能力（良識や理性ばかりでなく、論理的思考も）を十二分に働かせることです。仕事の内容を厳選し、他人にとっても価値があると思われる明確なヴィジョンを設定する。それは、個人や会社に利するばかりでなく、方向を見失って停滞している家庭に力を与え、前進させることにもなります。

この期に木星があるときに生まれた人は、身近で起こる出来事について批評を加え、人に正しい道を示してやることで、周囲の人々に注目されてきたことでしょう。誕生日がそうでなくとも、この期はだれでも、木星の、外へ拡張する力の影響を受けて、ついつい批評精神が度を越してしまいがちになります。威張り散らしたり、横暴になったりしないよう注意が必要です。ふだんは自分の考えを胸にしまっておき、人から請われたときや、相手が歓迎してくれると思える場面でだけ、口を開く。そんな姿勢を学ぶことも、この期には大切です。

日常生活のなかでも、理屈に合わないこと、矛盾したことがあると、どんなに小さなことでも気になってしょうがなく、あらさがしを止めるのが難しい。そんなふうに思えてくるのもこの期の特徴です。そうなると周囲に、スノッブという印象を与えてしまいます。厳しい目で物事を見るのは、仕事の場面ではたしかに有利ですが、プライベートな場面にまでもちこまないのが賢明です。自分のほうが上だというよう

天秤座–蠍座カスプの有名人

ブリジット・バルドー、オリヴァー・ストーン、スーザン・サランドン、マイケル・ジャクソン、アンドレ・アガシ、ウィリアム王子

な風をあなたが吹かしたとたん、まわりは即座にむっとして離れていくでしょう。上質を愛する審美眼は、家のなかに趣味のよいインテリアを置こうという場合にはとても役立ちますが、こと人間に対して適用しようとすると、うまくいかないものです。

木星がこの期にあるときは、邪悪な影に引きつけられる傾向もあります。まじめで仕事熱心である分、仕事以外では、何か変わったことをして思い切り羽目を外したい、そんな欲求に駆られやすいのです。ドラッグやセックスに特に強く引かれるのは、それが理屈抜きで熱中でき、仕事時につねに感じている精神的な緊張から解放してくれるからです。しかし、一度この罠にはまってしまうと抜け出るのは容易ではなく、それよりは、最初からはねつけるほうがまだ楽です。

興奮や危険を求める欲求はここではつねに強力。幸運にも、現実的なトラブルに巻きこまれずになんとかそれを振り切ることができる場合もあれば、特別な人、あるいは特殊な場面に遭遇したことがきっかけとなって、危ない道に入りこんでしまう可能性もあります。そうなるとまわりが見えなくなるほどに熱中するのも、「天秤座–蠍座カスプ」に木星があるときの影響です。この時期を無傷で過ごしたいなら、そのような衝動を上手にコントロールし、正しい道からはずれないようにすることが大切です。自分の仕事や、身近な人たちの性質・行動に対して向けるのと同じくらい厳しい目で、自分自身の行動を査定してみることも必要です。

この期をラッキーポイントとする人の

幸運の７週間

出生時に木星がこの期にあったなら、あなたのラッキーポイントは木星29期。次にリストアップした７週間は、あなたの幸運期として、毎年変わらず運が味方してくれることでしょう。

10月19日～25日	演劇と批評のカスプ	批評せよ
２月16日～22日	鋭敏のカスプ	感覚を研ぎ澄ませ
６月19日～24日	魔法のカスプ	魔法をかけろ
４月19日～24日	力のカスプ	引き下がるな
１月17日～22日	謎と想像力のカスプ	空想を現実に
７月19日～25日	振動のカスプ	バランスをとる
９月25日～10月２日	完全主義者の期	何事も正しく

※ どの期においても、幸運の波に乗るには、それぞれの期の特徴をあらかじめ知っておくことが大切です。さらに詳しい解説にあたり、木星のもつ幸運のエネルギーを最大限に活用しましょう。

第30期
レーザー光線を照射せよ

強さの期
蠍座1期

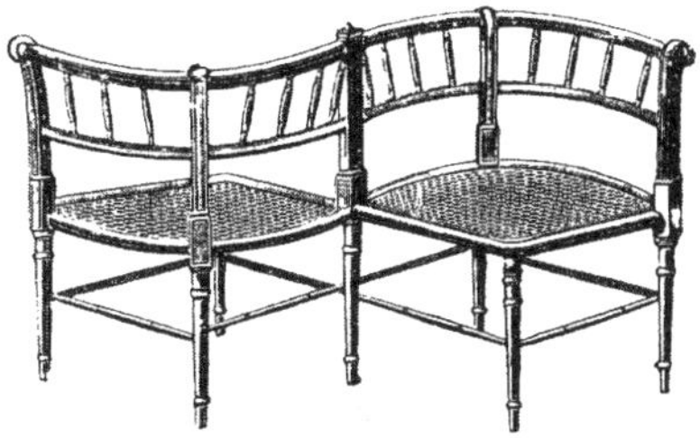

［この期の木星がもたらす幸運］

この期には、現在の仕事にとことん集中することで、運が開けることでしょう。横道にそれることなく、ずっと目標に目を据えていられれば、木星のエネルギーを存分に浴びることができるはずです。あれはどうか、これはどうかと、多方面に興味をふりわけるのではなく、一点に集中して力を注ぐ。そんなふうに、あなたが目標に向かってまっすぐ突き進んでいくとき、最高の結果が生まれます。途中面白そうなことに目を引かれ、たまには変わったこともしてみようと寄り道したくなる。そんな誘惑をきっぱりとはねつけられるかどうかが、成否の分かれ目です。しかし蠍座1期には、好奇心

幸運への近道

真実を重んじる、洞察力、ひたむきに

注　意

人を傷つけがち、厳格、自暴自棄になる

がとことん強くなるため、最初の目標から目をそらさずに本来の道をひたすら突き進むのは、生やさしいことではありません。

ときにユーモアのセンスを思いっきり発揮することで、時間を無駄にするだけの、くだらない活動に夢中になることを予防できます。ここでは進歩のために、笑いが欠かせません。というのも、あなたの幸運の星は、笑いがあってこそ、いつまでもまばゆく輝き続けるからです。折に触れて重苦しい気分や暗い考えに打ちのめされそうになる傾向がありますが、たいていは明るい性格で乗り切ることができるでしょう。そのうちまわりの人も、あなたといると楽しい時間が過ごせるとわかってきて、大勢の人があなたのそばに集まってくるでしょう。そんなとき、持ち前のウィットと、場の空気を素早く察知する能力は、あなたを成功に導く頼もしい武器になります。

この期に木星があるときに生まれた人は、過去に集中力を試された経験がきっとあるはずです。ひとまず楽しみはお預けにして、目の前にある仕事に全力で取り組まねばならなかったことが、一度ならずあったことでしょう。それを難しいと感じたか、楽だと思ったかは人それぞれです。しかし、人生では折に触れて、楽しいことに溺《おぼ》れてしまいたいという強い誘惑をふりきって、目下の仕事に全身全霊で臨まねばならないときがあり、だれでもそこから逃げてはならないのです。

また、蠍座1期に木星があるときは、セックスや恋愛にかかわる活動が特に魅力的に目に映ります。この方面から得られる楽しみは、なんとしてでも避けなければいけないというわけではありませんが、そこにひどく執着するあまり、全精力を吸い取られてしまうことのないよう、注意する必要はあります。

人との関係においても、仕事においても、一途に取り組む

蠍座1期の有名人

ジャン・ジュネ、ポール・ボウルズ、ヘンリー・キッシンジャー、ロバート・メープルソープ、北島康介、マット・デイモン、マライア・キャリー、ジョン・カビラ、羽生善治

ことは、よい結果を生みやすいのですが、なかにはそういうあなたに、ついていけないと感じる人もいるはずです。モラルを重視する態度が、いつも必ず評価されるとは限りません。特に、人生を面白おかしく生きていこうというタイプの人は、受け入れがたく思うでしょう。自分だけで取り組む仕事の場面ならいざ知らず、家庭や人づきあいの場面では、そういった一途すぎる姿勢は抑えることも大切です。こういう場面ではリラックスが大事なのです。あらゆる場面で、何から何までガチガチに考え、緊張を解くことができないとなると、運も離れていくでしょう。

この期に入った木星は、人に自信をもたせ、個人の目標達成に大きな力を貸してくれます。苦労の末に、とうとうなりたかった自分に近づき、努力の成果を手にできる。そういうことが、この期には頻繁に起こります。せっかくの幸運ですから、無駄にすることなく、確実に成功をつかみましょう。

ここではまた、夢に見ていた理想のパートナーに出会える可能性があります。あるいは現在のパートナーの真の価値に気づく場合もあるでしょう。仕事をするにも、孤軍奮闘ではなく、家族のためにも頑張っているのだと思えれば、大いにやる気が出るものです。このように、私生活でも満足を与えてくれるのが、この期にある木星の特徴です。

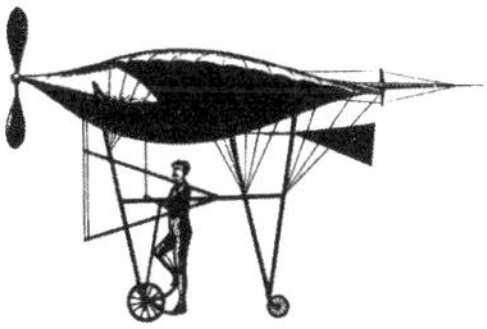

たとえ社会的には望んだ通りの地位に到達できなくとも、人との貴重な出会い、愛する家族とのふれあいによって、あなたの人生は大いに輝くはず。世間的な出世より、人を愛すること、人に奉仕することのほうが、より大きな価値をもつこともわかってくるでしょう。

この期をラッキーポイントとする人の

幸運の７週間

出生時に木星がこの期にあったなら、あなたのラッキーポイントは木星30期。次にリストアップした７週間は、あなたの幸運期として、毎年変わらず運が味方してくれることでしょう。

10月26日～11月２日	強さの期	レーザー光線を照射せよ
２月23日～３月２日	魂の期	瞑想の時間
６月25日～７月２日	共感の期	他人に心を寄せよ
４月25日～５月２日	発現の期	自分のものにせよ
１月23日～30日	才能の期	先鞭をつけよ
７月26日～８月２日	権威の期	下準備が肝心
６月３日～10日	新しい言語の期	言葉で攻めよ

※ どの期においても、幸運の波に乗るには、それぞれの期の特徴をあらかじめ知っておくことが大切です。さらに詳しい解説にあたり、木星のもつ幸運のエネルギーを最大限に活用しましょう。

第31期
内面を深く見つめよ

深さの期
蠍座2期

［この期の木星がもたらす幸運］

木星の発展的なエネルギーが、外側よりも内側に向かっていくこの期は、自分の内面を深く掘り下げ、パーソナリティの核心と向き合うことが幸運の鍵となります。心の深いところにある自分のほんとうの感情に直接触れて、そこに眠る膨大な力を活用する。それをしなくなってから、もうどのくらいたつでしょう。しかし数カ月、いや数年のブランクがあっても、ひとたび心の奥深くにたどりついたなら、本来の自分にまたすぐ出会えるはず。やがて日常生活のなかで、自分らしい性質や感情を少しずつ表現できるようになり、人生が豊かになっていくことでしょう。

幸運への近道

まじめに、物事に動じない、率直

注　意

すぐに落ち込む、心配性、現実逃避する

ただしそれには、自分の内面を見つめることを大事に考え、そのためにしかるべき時間をさくことが必要です。まずひとりになる時間をつくり、たとえば瞑想や音楽の力を借りて自分の内面をじっくり見つめていく。たいていはそれだけで、心の深い部分に到達することができるでしょう。たとえ自宅にいても、生活空間の模様替えをし、当面の予定を整理してしまえば、だれからも邪魔されることのない時間が生まれます。もちろん、家族の用事、ドアベル、電話、電子メールなど、日常に絶え間なく入りこんでくる用件を極力カットすることは必要です。

この時期、木星の想像力は大きく広がっていきますから、あなたも自分の感情をどこまでも深く追っていくことができるでしょう。ある人は子ども時代や青春時代を懐かしく思いだすことで、長年心にたまっていた鬱憤を解消できるかもしれません。またある人は、兄弟姉妹、両親、親戚などと話をすることで、長いこと忘れていた、あるいは抑えつけていた感情を思いだすかもしれません。もしそれが思いだしたくない過去だったとしても、そこはユーモアでかわし、現在の生活に悪い影響を及ぼさないことが大切です。木星がこの蠍座２期にあるときは、このような過去への旅をすることが、将来の成功につながることが多いもの。過去の失敗や成功から学び、適確な計画を立てることで、未来への展望が開けてくるからです。

この期に木星があるときに生まれた人は、きっとこれまで、自分の内面を見つめて厳しく反省する姿勢に大いに助けられてきたことでしょう。しかしながら、内に向かうばかりで、外に向かってまったく感情表現をしなければ、鬱憤がたまりやすくなるのも事実です。木星がこの期にあるときはだれにもいえることですが、あまりに内省的になりすぎて、世間に対して長いあいだ扉を閉ざしてしまわないよう、気をつける必要があります。いつまでも心の暗い淵《ふち》に沈んでいない

蠍座２期
の有名人

ウィリアム・ゴールディング、テネシー・ウィリアムズ、エヴァ・ガードナー、ダイアン・アーバス、エルヴィス・プレスリー、ダライ・ラマ、フランソワーズ・サガン、スティーヴン・スピルバーグ、ユリ・ゲラー、アーノルド・シュワルツェネッガー

で、自分の内面観察が終わったら、さっさと明るい世界に飛びだしていくという姿勢が、ここでは幸運を呼びます。

また、長い年月のあいだに心の淵に深く沈んでしまった感情を掘り起こすには、だれにも邪魔されず、たっぷり眠る時間が必要です。就寝中、夢を見ている時間は潜在意識が活発に働いており、それがふいに意識下に入りこんでくる時間でもあります。ずっと閉じこめられていた感情が解放され、意識にのぼってくることで、カタルシスを得られる。心の緊張がほどけ、ストレスを解消できたことがはっきりわかるはずです。そして、せっかく目覚めたこの思いを土台に、何かポジティブなことをやってみるというのが次のステップ。目覚めてきた思いをじっくり見定め、何か形を与えてやるといいでしょう。

自信が生まれて幸福感も高まると、プライベートでも職場でも、新しい自分をもっと生かしてやろうという意欲が生まれます。そういうあなた自身に、あるいはまた、あなたの計画や提案に引かれて、自然とまわりに人が集まってくるでしょう。この時期、木星の拡張エネルギーの影響で、あなたは以前より人間が大きくなり、存在感が強くなっていますから、口にする提案自体にもぐっと重みが加わります。そうやってまわりから重んじられれば、それだけ成功のチャンスも増えていきます。

自分の内面を深く見つめていくと、自分自身についてだけでなく、人間の心の働き全般についても、鋭い洞察を得られるようになり、それを他人のために役立てることも可能です。あなたにそういう見識があるとわかれば、身近な人たちがアドバイスを求めて自然とまわりに集まることに。そんなときは、あなた自身の経験から、瞑想を勧めてみるといいでしょう。それがきっかけとなって、他の人もあなたのように自分の内面を探ることに興味をもつかもしれません。

この期をラッキーポイントとする人の

幸運の７週間

出生時に木星がこの期にあったなら、あなたのラッキーポイントは木星31期。次にリストアップした７週間は、あなたの幸運期として、毎年変わらず運が味方してくれることでしょう。

11月３日〜11日	深さの期	内面を深く見つめよ
３月３日〜10日	孤独な人の期	休みをとる
７月３日〜10日	型破りの期	堂々と自分流で！
５月３日〜10日	教師の期	教訓を得よ
１月31日〜２月７日	若さと安らぎの期	冷静に
８月３日〜10日	バランスのとれた力の期	着実かつ誠実であれ
１月10日〜16日	統治の期	腰を据える

※ どの期においても、幸運の波に乗るには、それぞれの期の特徴をあらかじめ知っておくことが大切です。さらに詳しい解説にあたり、木星のもつ幸運のエネルギーを最大限に活用しましょう。

第32期
魅了せよ

魅力の期
蠍座３期

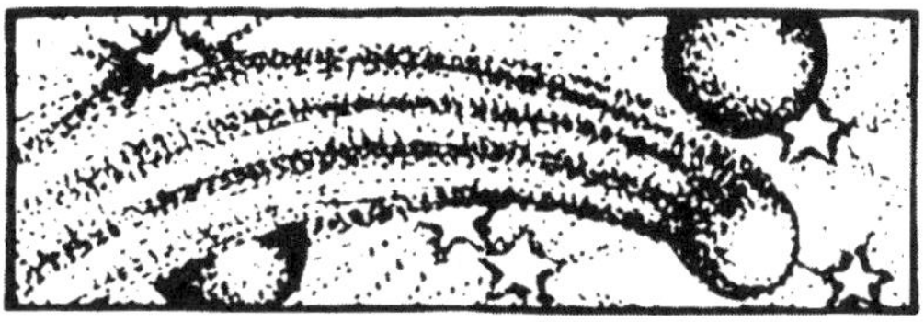

［この期の木星がもたらす幸運］

木星がこの期にあるときは、あなた独自の魅力を前面に押しだし、カリスマ性を発揮することが成功の鍵。磁石が鉄を引き寄せるように、あなたが部屋に入ったとたん、その場にいた人たちの頭がすべて自分に向くようでなければいけません。この期にあっても周囲から注目されないとしたら、そろそろ自分のカラーを変えなさいというサインです。本来この期は、あなたの魅力が一番際だつときなのです。自分を売りこむ際にも、それを意識して行動すれば、まず相手の注意を自分へ向けるという最初のステップをクリアできます。ただし長い目で見ると、ある特定個人を自分に縛り付けること

幸運への近道

結束を強く、チャーミング、臨機応変に

注　意

ガードが固すぎる、ひとりよがり、おせっかい

は、問題となることもあるので、注意が必要です。特にその相手が依頼心の強いタイプであれば、なおさらです。とはいえ、将来もしものときに活用できる人的資源を増やすという意味では、この期にあなたの魅力を前面に押しだすのは有効です。

なかには、そんなあなたの魅力を、本物でない、うわべだけのものととらえる人もいるかもしれません。しかしそういった批判のほとんどは負け惜しみ。もともと他者を引きつける力というのは、どんな生き物にも必要不可欠で、それがなくては人間も種を保存していくことができません。ただし相手の注意を引きつけるというのは、あくまで単なるスタート。最初のデートが終わった後も魅力が色あせることなく、相手の関心をずっと自分に引きつけておけるかどうかが勝負です。メディアが次から次へと新しいものを打ちだしてくるのは、よりよいものが出てくれば、人々の関心がそっちへあっさり移るとわかっているから。あなたよりいい人が出てきたら、やはり相手もそっちへ向くでしょう。よって、この期の木星からいい影響をもらおうと思ったら、少なくとも数週間から数カ月は、相手の興味をずっと継続して引きつけておく必要があります。

人の興味をそらさないためには、自分の外見や言動を魅力的に見せること以外にも、具体的な方策が必要です。しかるべき時間を相手といっしょに過ごし、自分はあなたに心底興味があるのだと思わせる。それでいて相手が息苦しさを感じないように、ある程度の距離をとる。自分を選ぶも選ばないも、すべて相手の自由だという態度でいるのです。もちろん、ときには手の届かない遠い存在と思わせるのもいいでしょう。あなたのほうでも、簡単に手に入るヤツとは思われたくないでしょうから。そんな態度に、策略家だと陰口をたたく人がいても、それはあなたの成功に嫉妬しているのだと思ってやり過ごしましょう。

蠍座3期
の有名人

ルチアーノ・パヴァロッティ、パティ・スミス、ジェームズ・ウッズ、デヴィッド・ボウイ、スティーヴン・キング、マドンナ、ロザンナ・アークェット、ビートたけし、リチャード・ブローティガン木星がこの期にあるときに生まれた人は、きっと過去に自分の魅力を活用して、成功を手にした経験があるはず。誕生日がそうでなくても、十二年に一度めぐってくるこの期は、だれにおいても人を引きつける力を成功につなげることができます。一度に数カ月も続く幸運期ですから、数カ月前、あるいは数年前から勘定に入れておいて、じゅうぶんに活用しましょう。

精神分析に関する諸々《もろもろ》の本には、夢中になるのはプラスだが、固着するのはマイナスだとあります。何かに執着すると、そこにしがみつくあまり、新しいチャンスを逃し、成長の機会を逸してしまう危険があるのです。そうなると、もうそれ以上前へ進めなくなってしまいます。人を引きつける場合も、いつも同じ方法では飽きられてしまうので、バリエーションが必要です。「魅力の期」に木星があるとき、その幸運の力を最大限に活用するには、手を替え品を替えて自分の魅力をアピールし、興味をもつ相手に、いつまでもこちらを向いていてもらうことです。

この期は理詰めで考えていくより、直観で勝負するのが幸運を呼ぶ鍵。いつ自分が動き、いつ人を動かせるか、第六感を働かせて察知するのです。タイミングを上手にとらえ、相手の気持ちにも敏感であれば、必ずやよい結果が待っています。また、職場のクライアントでも、プライベートな恋人でも、この期に相手の注意をずっと自分に引きつけていることができれば、その関係はその後も変わらず続いていくものと期待していいでしょう。いつも魅力を武器にしていれば、ときにリスクを負うことがあるかもしれません。しかし自分の心に正直に従って努力していけば、道を大きく踏み外すことはないでしょう。この期は、失敗にも、そして成功にも、決して臆病になってはいけません。

この期をラッキーポイントとする人の

幸運の７週間

出生時に木星がこの期にあったなら、あなたのラッキーポイントは木星32期。次にリストアップした７週間は、あなたの幸運期として、毎年変わらず運が味方してくれることでしょう。

11月12日〜18日	魅力の期	魅了せよ
3月11日〜18日	ダンサーと夢見る人の期	月をつかめ
7月11日〜18日	説得者の期	説得力をもて
5月11日〜18日	自然の期	ありのままの自分で
2月8日〜15日	受容の期	戦わない
8月11日〜18日	リーダーシップの期	先頭に立て
4月19日〜24日	力のカスプ	引き下がるな

※ どの期においても、幸運の波に乗るには、それぞれの期の特徴をあらかじめ知っておくことが大切です。さらに詳しい解説にあたり、木星のもつ幸運のエネルギーを最大限に活用しましょう。

第33期
ルールを拡張せよ

革命のカスプ
蠍座−射手座カスプ

[この期の木星がもたらす幸運]

この期にもっとも成功しやすいのは、ルールを壊すことなく伸張していける人。「革命のカスプ」にある木星は、その旺盛《おうせい》な活動力に規制を加えられることを嫌い、縛りをほどこうとあからさまな反抗心を見せる傾向があります。しかしそういうやり方を人間のわたしたちが現実に適用すれば、あちこちで反感や拒否の感情を生み、だれにとってもいいことはありません。ここではルールを壊すのではなく、その枠を徐々に押し広げ、たしかに変化が必要だと、周囲が自然に納得するようもっていくのが成功の鍵となります。

木星はつねに限界を超えて拡張しようという性質があるた

幸運への近道

我を忘れて夢中になる、忠実、ガッツをもつ

注　意

独裁に陥りやすい、人をばかにする、ワイルド

め、この「革命のカスプ」に入ると、まさに自分らしさを発揮して生き生きと輝きます。成功をしっかり頭に描きながら仕事を進めていけば、物事をなんでもよい方向へ考える木星の力があなたに味方し、満足のいく結果が得られるはずです。だからといって、適当にやっていてもうまくいくなどと誤解してはいけません。自分の力を過信して成功の妄想に酔ってしまうと、現実から遊離してしまうので注意が必要です。

木星が、「蠍座−射手座カスプ」にあるときに生まれた人は、昔から非常に反抗心が強く、家庭では少なくとも両親のどちらか、学校では先生と、激しくぶつかったことでしょう。この期に生まれた人は、自分のなかの反抗心にどう折り合いをつけるかで、生涯悩む運命にあります。また誕生日がそうでなくても、この期にはだれもが良識を働かせ、物事のバランスを維持することが必要になります。かといって、保守的になれというのではありません。あまりに慎重になりすぎて、古い枠のなかに縮こまっていては、幸運を手にすることはできません。冒険を恐れず、ときには一か八かの勝負に賭けてみながら、既存のルールを壊すことなく、やがてはそれをよりよい方向へ変えていく。それが理想的です。

木星が「革命のカスプ」にあるときは、フリーランサーとして、あるいは起業家として、新たな一歩を踏みだすのに最適ですが、既存の組織や会社のなかでも、成功を手に入れることは不可能ではありません。そういう場ではすでに頼りになるシステムが構築されており、安心感も得られます。願わくは上司たちが、さまざまな提案に対して広く心を開くタイプであってほしいもの。そういう状況ならば、あなた自ら効率のよいやり方を提案し、優れた成果を出していけるからです。書面でも、口頭でもかまいません。自分がこう変えたいというヴィジョンを穏健な形で提示していけば、グループの目指す地平線を荒らすことなく、より広くそれを拡張してい

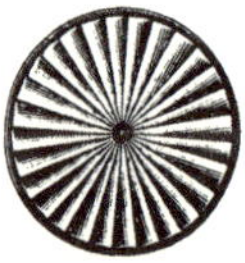

蠍座−射手座カスプの有名人

ナディン・ゴーディマ、ヒラリー・ロダム・クリントン、エドワード・サイード、アラン・ドロン、アイダン・クイン、ピート・サンプラス、メアリー・J・ブライジ、ソフィア・コッポラ

くことができるでしょう。

水の宮に属する蠍座は感情面に強く、火の宮に属する射手座は直観に強いという性質があります。すなわちここでは、火のような感情を上手にコントロールして、より実際的で論理的な性質を獲得することが大切になります。ここで欠けているふたつの性質は、「地」と「風」の性質。破滅的、反抗的になりやすい性質にバランスをとるために、より常識的で、現実に即した態度が必要です。まわりの人たちは、あなたの提案そのものに異論があるのではなく、その提示の仕方を不愉快に思っている可能性があります。自分とは異なる考えを正面切って攻撃するのではなく、賛成しないまでも、それはそれでひとつの方法だと認めてやる。その上で、自分がもっとよいと思う方法を穏やかに提案すれば、あとは木星の魔法で、物事が建設的な方向へ転がっていくはずです。

社会でも、家庭でも、困っている人や、虐げられている人を見ると、ほうっておけなくなるのも、この期の木星の影響です。なんとか自分が手を差し伸べ、不都合な事態を変えてやろうと思うもの。まるで白馬の騎士やジャンヌ・ダルクのように、弱者の救出に乗りだしたくなるでしょう。実際この期はそういった行動に運が味方してくれますが、あまりに自分を頼りにさせすぎて、重い責任をいつまでも背負うことになると、あなた自身がすっかり消耗してしまうので注意が必要です。むしろこの期は、人を直接救うより、不公平な法律や、規則、慣行自体を変えようとするほうが成功率も高く、満足感を得られるはずです。逆に他人を変えようと思ったり、プライベートな生活に入りこんだりすると、やっかいな状況に巻き込まれ、一度足を踏み入れたが最後、なかなか抜けられなくなるということにもなりかねません。

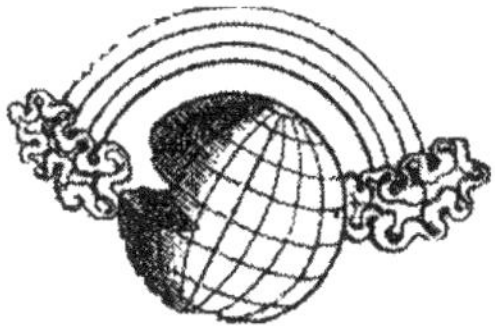

この期をラッキーポイントとする人の

幸運の７週間

出生時に木星がこの期にあったなら、あなたのラッキーポイントは木星33期。次にリストアップした７週間は、あなたの幸運期として、毎年変わらず運が味方してくれることでしょう。

11月19日～24日	革命のカスプ	ルールをゆるやかに
３月19日～24日	再生のカスプ	生まれ変わるとき
７月19日～25日	振動のカスプ	バランスをとる
５月19日～24日	エネルギーのカスプ	身のまわりを活気づけよ
２月16日～22日	鋭敏のカスプ	感覚を研ぎ澄ませ
８月19日～25日	露出のカスプ	上手にかくれんぼうを
１月23日～30日	才能の期	先鞭をつけよ

※ どの期においても、幸運の波に乗るには、それぞれの期の特徴をあらかじめ知っておくことが大切です。さらに詳しい解説にあたり、木星のもつ幸運のエネルギーを最大限に活用しましょう。

第34期
自分の力で

独立の期
射手座1期

[この期の木星がもたらす幸運]

幸運への近道

高潔、直観を鋭く、責任感

注　意

競争心が強すぎる、衝動的、怒りっぽい

射手座は木星のホームグラウンドです。よってこの射手座1期は、長い年月をかけて十二星座をめぐってきた木星が、ようやく自分の居場所に帰ってきてほっとする時期だといえます。この期には人の運命がいきなり変わる可能性が高く、それもよい方向へ変わることが多いもの。木星は、各星座にそれぞれ一年ほどとどまるので、この射手座1期でも、数カ月の滞在をする勘定になりますが、できればここでは、木星にもっとゆっくりしてもらいたいところです。それがかなわないなら、十二年に一度は必ずめぐってくるこの期の幸運を逃す手はありません。プライベートでも仕事でも、この期の幸運を上手に生かして、大きな成功を手に入れられるよう、頑張りましょう。

射手座１期には、何よりも個人の力が重視されます。自主性を発揮し、自分の力で積極的に何かをやっていこうとする者に、木星の幸運は味方します。パーソノロジーで「秋」に区分される三星座（天秤座、蠍座、射手座）は、メンテナンスが大の得意。よって、そういった星座の下に生まれた人は、組織をスムーズに運営させる部署で懸命に働き、気がつくと数年を過ごしていたということが多いものです。しかしそういう人も、この期に入ると、自分の力で何かを動かしてみたいと強く思い始め、それによって本人の人生にも、属しているグループにも、波瀾《はらん》を呼ぶことが予想されます。

同様に、これまでは家庭を第一に考え、家族の安全と幸せを願って生きてきたという人も、この期には家族に奉仕するよりも、自分が本来やりたかったことに時間を使いたいと思うでしょう。その結果、家庭にさまざまな緊張が生まれる可能性があります。特にあなたを大きく頼りにしていた人たちは、ないがしろにされているような寂しさを覚えるかもしれません。もちろん自分のやりたいことと、家族の両方を大切にすることも可能です。ただしその場合には、両者にバランスよく力を配分し、時間を上手にやりくりしていくことが欠かせません。

この期に木星があるときに生まれた人は、生涯幸運の星に見守られながら生きることができるでしょう。グループの一員として働くより、自分の判断で自由に働くほうが楽だと思い、実際そうする場面が多かったはずです。ここでの木星の影響はきわめて強力で、たとえ誕生日がそうではなくとも、この期になるとだれもが独立心旺盛になる傾向があります。また、公平を求める気持ちが強くなり、その結果、不誠実な行いや不名誉を自分に許すことが難しくなります。さらには、自分だけでなく他人にも誠実であることを求め、そうで

射手座１期の有名人

ミケランジェロ・アントニオーニ、ジーン・ケリー、ジャン＝フランソワ・リオタール、ジョン・ケージ、寺山修司、ウディ・アレン、根津甚八、五嶋みどり、ウィノナ・ライダー

ない人間を厳しく糾弾する傾向があります。

素晴らしい幸運にめぐまれるこの時期。ならばその幸運を賭け事に生かしたいと思うのも人情です。宝くじから始まって、スポーツ賭博《とばく》やカードゲーム、さらには、事件の展開や問題の真贋《しんがん》をめぐって、賭けをしたくなる気持ちが高じることでしょう。勝者があるところには必ず敗者があるわけで、これについては、だれもが百パーセント幸運を手にするというわけにはいきません。しかし、この期は勝負運が高まると自覚し、ふだんよりツキを期待してみようというスタンスの人、いいかえれば、木星の力を実感し、それを活用する術を心得ている人は、ここで幸先《さいさき》のよいスタートを切れるのはまちがいありません。こういった分野でよりよい結果を出すには、あれもこれもと手を広げず、これはと狙った分野だけに集中し、さまざまな賭け事に資金を分散しないことです。ここでも株式市場の原則があてはまります——リスクの高い取り引きは、一度にひとつにするのが最善のアプローチ、というわけです。

またこの期は、趣味やレジャーを楽しむのにも最適です。今のところ、これといって熱中するものがないとしたら、身体を動かすことや、リサーチ活動に飛びこんでみるのがお勧めです。この期にそういった活動を始めると、将来的にもずっと長く楽しめる可能性があります。ただし度を越して夢中になり、本来の職務をおろそかにしない注意が必要です。またこういう趣味が、将来手堅い収入を生むこともまれではなく、なかにはそれを生業にする人が出てくるかもしれません。

この期をラッキーポイントとする人の

幸運の7週間

出生時に木星がこの期にあったなら、あなたのラッキーポイントは木星34期。次にリストアップした7週間は、あなたの幸運期として、毎年変わらず運が味方してくれることでしょう。

11月25日〜12月2日	独立の期	自分の力で
3月25日〜4月2日	子どもの期	あどけなさの勝利
7月26日〜8月2日	権威の期	下準備が肝心
5月25日〜6月2日	自由の期	束縛を断て
2月23日〜3月2日	魂の期	瞑想の時間
8月26日〜9月2日	組織の建設者の期	秩序をつくりだせ
7月3日〜10日	型破りの期	堂々と自分流で！

※ どの期においても、幸運の波に乗るには、それぞれの期の特徴をあらかじめ知っておくことが大切です。さらに詳しい解説にあたり、木星のもつ幸運のエネルギーを最大限に活用しましょう。

第35期
新しい発想を

創始者の期
射手座２期

[この期の木星がもたらす幸運]

風変わりなもの、ちょっと変わったものに、ことごとく引きつけられてしまう。あるいはまた、自分のなかの、人とは異なる性質が前面に出てきて、新しいことをやりたくてうずうずしてくる。この期はまさにそういったところに、成功の大きなチャンスがあります。成功といっても、ここでのそれは、世間的なものよりも、自分のめざしていたゴールにたどりつくとか、ひそかな願いが叶《かな》うといったタイプの成功です。世間が認める、認めないは、この際問題ではありません。あなたが成功だと思って満足すれば、それでよし。この期にもっとも大切なのは、自分に対してもつヴィジョンで

幸運への近道

非凡、熱烈、才能に恵まれたもの

注　意

一風変わっている、無責任、拒絶する

す。あなたが心から必要とすること、一番の願いを明確にすることが求められます。

自らの居場所である射手座のど真ん中にもどってきた木星は、この期に幸運のエネルギーを存分に放出します。しかしながら、その幸運が目に見える形で実を結ぶまでには、少々時間がかかる模様。特に、周囲があなた独自のスタイルを理解せず、邪道だとか、奇をてらっていると批判してくるような場合はなおさらです。そういう批判を受ければ受けるほど、ますます自分を主張したくなるのもこの期の傾向ですが、しかしここはむきにならず、他人の注意をあまり引かない形で、静かに自分の道を行くほうが、運は開けるものです。あくまで自分のスタイルは曲げずに、それでいて周囲にあまり波風を立てないアプローチを心がける。それだけで成功のチャンスはぐっと拡大するでしょう。

この期に木星があるときに生まれた人は、まわりからよく誤解されたことでしょう。しかし逆に、ありきたりの道を進まなかったことで、有利な立場に立てたことも多かったはず。誕生日がそうでない人も、さらには常日ごろから平凡な人間を自認する人でも、この期になるとたいていの人が、特異な自分の個性をもっと外に出してみたくなるものです。社会が用意した役を振り捨てて、自分にしかできないことを思い切りやってみたいと思うのです。これまでずっと、厳しい社会の枠組みからはずれないようにして、汲々と働いてきた後であれば、その願いが叶ったときの満足感は計り知れないでしょう。

この期に、他人と壁を隔てて孤独になる必要はありませんし、そんなことをするのは無意味です。人と異なるあなたの側面を、進んで支持してくれるパートナーをさがしましょう。相手はあなたとちがって、ごく平凡な人であってもかまいません。むしろ片方は変わっているけれど、もう一方はより常識的であるペアは、絶好の組み合わせである場合が多い

射手座２期の有名人

ジミー・カーター、マルチェロ・マストロヤンニ、ジョージ・ブッシュ、テリー・サザーン、トルーマン・カポーティ、チャールトン・ヘストン、エド・ウッド、ローレン・バコール、ウィルト・チェンバレン、春日八郎、乙羽信子

ものです。プラスとマイナスが引き合うからという理由だけでなく、それぞれに欠けている部分を互いに相手から補充してもらえることがいいのでしょう。周囲は意外な組み合わせに驚くかもしれませんが、楽しい話題を提供できるカップルとなり、結果的には味方がたくさんできるでしょう。

必ずというわけではありませんが、この期には、個性を大切にし、オリジナリティを積極的に表現していくことで、経済的な成功を呼ぶ可能性があります。人とちがったやり方を好むというのは、会社や組織のなかではあまり歓迎されず、昇進のきっかけになるのはまれですが、自分で事業を起こしたり、フリーランサーとして活躍したりする場合には、大いにプラスに働くもの。別に特別変わったことを始めなくてもいいのです。タクシーの運転手、美容師、コンピュータープログラマー、カウンセラー、コンサルタントなど、ごく普通の職業であっても、あなた独自のやり方を前面に押し出すことで、大きなビジネスチャンスに恵まれる可能性があります。木星が射手座２期にあるときは、人とちがうあなたの性質が、ビジネスで役に立っても、不利になることはまずないといっていいでしょう。

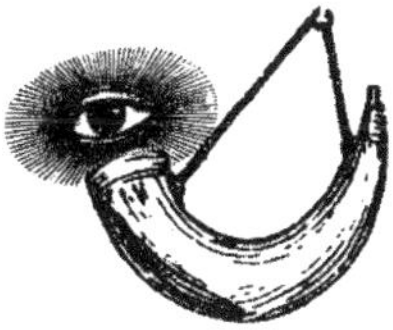

この期は、現在の仕事を辞めて、しばらくひとりで考える時間をつくるのもいいでしょう。ただしいきなり新しい仕事に飛びこむのではなく、まずは心と相談して、将来自分がほんとうにやりたいのはなんなのかを探りあてるべきです。仕事で着ている制服を脱ぎ捨て、自分の個性にフィットする服に着替えてみるだけでも、伸び伸びとした気分を味わえるはず。毎朝仕事のために正装する、その重圧から解かれて、ほっとできるからです。いつも自分らしさを忘れず、独創的な発想を上手に生かしていくことで、この期はプライベートでも仕事でも、よりよいチャンスを手にすることができるでしょう。

この期をラッキーポイントとする人の

幸運の７週間

出生時に木星がこの期にあったなら、あなたのラッキーポイントは木星35期。次にリストアップした７週間は、あなたの幸運期として、毎年変わらず運が味方してくれることでしょう。

12月３日～10日	創始者の期	新しい発想を
４月３日～10日	星の期	輝け！
８月３日～10日	バランスのとれた力の期	着実かつ誠実であれ
６月３日～10日	新しい言語の期	言葉で攻めよ
３月３日～10日	孤独な人の期	休みをとる
９月３日～10日	謎の期	ミステリーを解け
７月19日～25日	振動のカスプ	バランスをとる

※ どの期においても、幸運の波に乗るには、それぞれの期の特徴をあらかじめ知っておくことが大切です。さらに詳しい解説にあたり、木星のもつ幸運のエネルギーを最大限に活用しましょう。

第36期
大きく考える

巨人の期
射手座３期

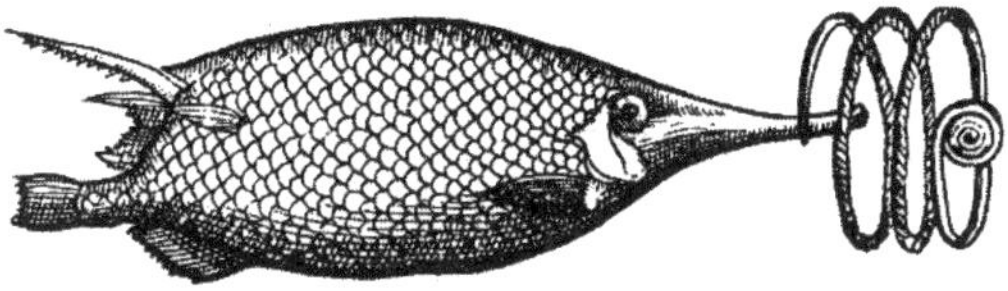

［この期の木星がもたらす幸運］

48期のうち、この射手座３期ほど、木星の拡張エネルギーが広範囲にわたる期はありません。ここでは、限界を超えたい、ぎりぎりまで大きくなりたい、自分が携わる仕事すべてにおいて幸運をつかみたい、そんな気持ちに駆りたてられるもので、達成できないほど壮大な計画はないし、克服できない困難もないと思えてきます。実際この期には、驚くべき企画が成功する可能性が高く、さらにこの期にスタートさせたプロジェクトは、将来豊かな実りを約束し、その後も長く安泰であることが期待できます。

大きなプロジェクトに幸運が味方してくれるとはいえ、計

幸運への近道

心を広く、自信、向上心をもつ

注　意

自己認識に欠ける、内面は危うい、口やかましい

画を軌道に乗せるには、一気呵成《かせい》に事を仕上げようとせず、長期にわたって粘り強いアプローチを続けるのが望ましいもの。一度に大きな力を消耗するよりは、小出しにして長く使ったほうが、エネルギー効率もよく、同僚たちを不安にさせたり、脅威を抱かせたりすることもないからです。ここでは、自分の仕事に黙々と専念し、周囲にいらぬ波風を立てないのが賢明。まわりのペースが遅いからとイライラし、なぜ自分の理想についてこられないのかと短気を起こすことは、絶対に戒めなければなりません。そんな態度をとったが最後、あなたの計画は大きく後退してしまいます。

大きく考える人は、じつは大きな反対を受けることも多いものです。あなたの考え自体に無理があると思って反対する人もあれば、単なる嫉妬から、反発する人もいるでしょう。とかくあなたのまわりには、この時期、激しい競争心がキノコのように、あちこちで頭をもたげやすいのです。最終的にはそれがよい結果を呼ぶことも多いのですが、そのひとつひとつにいちいち反応していると、すっかりエネルギーを消耗し、本来の目的意識が鈍ってくる危険があります。ここはひとつ、小さなことに腹を立てず、度量の大きいところを見せてやりましょう。

なかには、目標にばりばり向かうあなたの姿に圧倒される人やあなたの大胆な考えにすっかり気が動転してしまうという人もいるでしょう。そういう人に対しては、やさしさと思いやりで接することが大切。相手の気持ちを理解してやることが、成功の鍵になります。目の前に障害が現れたときは、正面からまともにぶつかって突破したり、無理矢理乗り越えたりするより、迂回《うかい》する道を見つけるのが賢明。友好的な駆け引きが功を奏すれば、敵が自分の味方につくこともあるのです。

誕生日の木星の位置が、この期にあたる人は、体格の大小にかかわらず、野心あふれる大人物であることが多いもの。

射手座３期の有名人

カルロ・ポンティ、サラ・ヴォーン、ドリス・デイ、マーロン・ブランド、ジョルジオ・アルマーニ、デニス・ホッパー、キャシー・ベイツ、ミハイル・バリシニコフ、リチャード・ギア、ショーン・ペンとことん楽天的に考えるので、両親や周囲の大人からは、地に足がついていないとか、責任を忘れていると、批難されることも多かったでしょう。また誕生日がそうでなくとも、この「巨人の期」になると、世の中が可能性に満ちた場所に思え、どんな仕事もうまくやり遂げられそうな、強い自信がわきあがってくるものです。

この期の木星はとにかく外に向かっていく傾向があるため、自分の内面に目を向ける機会を逸し、精神的な成長が阻まれる危険性も。一日のなかで、自分の行動を振り返り、心の内側を静かに見つめる時間をとりましょう。そうでないと、危うく世間の枠からはずれ、とんでもないことをしでかすかもしれません。自己中心的な人というそしりを受けないよう、つねに自分の行動を倫理に照らして評価しましょう。みんなと協力して動き、すでにある計画と自分の提案する新しいプランがしっくりかみあうようにする。クライアントや同僚とは、相談する機会を定期的につくり、相手の意見に真剣に耳を傾ける。そういうことの積み重ねで、あなたの成功を支える社会的素地ができあがっていくはずです。我が道を突き進み、他人を犠牲にしてでも成功を手に入れるというアプローチは、この期にはふさわしくありません。

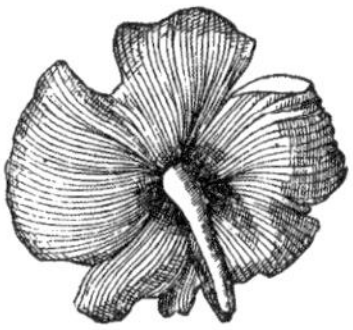

この時期はまた、プライベートな関係を深めていく時間がなかなかとれなくなるかもしれません。でも、大切な人をないがしろにし、愛のもつ力を軽視すると、後で大きなツケがまわってきます。成功への道を突き進むあなたには、つねに多大なプレッシャーがかかっており、心も身体も、いつなんどき悲鳴をあげてもおかしくないのです。そんなとき支えになってくれるのが、愛する人たちとの豊かな心のふれあいで、それがあってこそ、精神的にも体力的にも、もっとも厳しいときを切り抜けられるものなのです。

この期をラッキーポイントとする人の

幸運の７週間

出生時に木星がこの期にあったなら、あなたのラッキーポイントは木星36期。次にリストアップした７週間は、あなたの幸運期として、毎年変わらず運が味方してくれることでしょう。

12月11日～18日	巨人の期	大きく考える
４月11日～18日	開拓者の期	発言せよ
８月11日～18日	リーダーシップの期	先頭に立て
６月11日～18日	探求者の期	極限まで探求せよ
３月11日～18日	ダンサーと夢見る人の期	月をつかめ
９月11日～18日	ストレートに解釈する人の期	ただ事実のみを
10月26日～11月２日	強さの期	レーザー光線を照射せよ

※ どの期においても、幸運の波に乗るには、それぞれの期の特徴をあらかじめ知っておくことが大切です。さらに詳しい解説にあたり、木星のもつ幸運のエネルギーを最大限に活用しましょう。

第37期
水晶玉をのぞく

予言のカスプ
射手座–山羊座カスプ

［この期の木星がもたらす幸運］

このカスプは、木星と土星の影響が等しくなる、年に一度の時期です。木星は射手座を支配し、土星は山羊《やぎ》座を支配するため、この「射手座–山羊座」カスプでは、拡大（木星）と収縮（土星）というふたつの力が同時に働きます。かたや楽観に基づいて自由気ままにふるまおうとし、かたや地に足のついた責任ある行動を要求する。この期の幸運を最大限に活用するには、この相反するふたつの力をぶつからせることなく、仲よくまとめることが必要です。お互いのもっともよい部分を生かしながら、一体となって物事にあたることができればいうことはありません。

幸運への近道

霊感、謎めいた魅力、熱心

注　意

フラストレーションを溜めやすい、ひとづきあいに興味がない、頭ごなし予言のカスプは、将来を見通すのに最適の時期です。実際クリスマスが終わって、新しい年を迎えようという時期にあたり、新年の抱負を固める人も多いでしょう。過ぎゆく年を振り返り、失敗の原因や自分に足りなかったものをつきとめ、きたる年に改善を誓うことで、素晴らしい一年を迎えようというわけです。ここでは木星の、どこまでも大きく夢を広げる性質と、山羊座の現実を直視する性質を上手に活用するべきです。

射手座は火の宮に属し、直観を通して世界を認識する火の性質を持ちます。一方、山羊座は地の宮に属し、感覚を通して世界を認識する地の性質を持ちます。それぞれ火の性質、地の性質をもつ宮のカスプに木星があるこの期は、直観と感覚が非常に強くなるので、この期になると、誰もが第六感に従って実利を求めていこうとする傾向が強くなります。

そういった力や性質の傾向によく目を配り、得意な力を生かし、足りないものを補っていくのが、この期の成功のポイントです。ここで足りないのは、ずばり感情面のケアです。直観で突き進むあまり、知らず知らず周囲の人たちの気持ちを傷つけていることがあるかもしれません。人の気持ちに鈍感になりやすい時期ですから、相手の立場に立つことを大切にし、いつでも心をオープンにしているよう、意識して努める必要があります。

誕生日の木星の位置が、この期にあたる人は、概して楽天的な傾向があり、もっと現実を見るようにという土星からのシグナルを、しばしば無視してきたかもしれません。誕生日がそうでなくても、約十二年に一度めぐってくるこの期になると、人はたいてい気が大きくなって、なんでもかんでもやってやろうじゃないか、今なら自分にできないことは何もないと、大胆な行動に出ることが多くなるものです。

たしかに木星が射手座にとどまるこの一年には、大きな成功のチャンスがあります。これまでにない新しい地平を切り

射手座–山羊座カスプの有名人

クラーク・ゲーブル、リチャード・ニクソン、アルバート・ゴア・ジュニア、アンドリュー・ロイド・ウェバー、チャールズ皇太子、グウィネス・パルトロウ

開こうと考える、大きなプロジェクトを立ち上げる、その他なんでも、高い野望のもとに始めたことは、大きな成功を収めることが期待できます。また、すぐに実を結ばなくとも、この時期には、将来大きな利を生むプロジェクトをスタートできるでしょう。「予言のカスプ」の名の通り、この期には未来のさまざまな局面を明確に見通せるからです。

概してこの期は、先へ行けば行くほど、木星の力が弱まり、土星が強い力をふるうようになります。つまり最初は木星の力が全面に出ていたものの、最後は土星の力に抑えられるというパターンです。これは一種、人間の成長過程を象徴しているともいえます。はじめは夢ばかり描いているのですが、やがてそれを実現する道をさがし始める。夢を実現するためには、より実際的な才覚を働かせて、突飛な理想やアイディアを現実に即した形に調整していかねばなりません。木星を、エネルギーに満ち満ちて、始終新しく楽天的なことを考えつく思春期の息子だと考えれば、土星は、現実面に重きを置く懐疑的な父親といえます。この期の幸運を最大限に生かすには、この息子と父親がしっかり手を結ぶことが大切です。お互いの長所を生かし、一家の同じ目的をめざして、衝突することなく、力を合わせて進んでいければいうことはありません。

「射手座-山羊座カスプ」に特徴的な強い直観は、将来を見通す際に大きな力となります。ここでは理詰めで物を考えるよりも、自分の第六感を信じることが大切。これが成功に続く道だと直観したら、勇気をもって進むべきです。広い天空に幾百万と輝く星々のなかから、自分に幸運を授けてくれるたったひとつの星が見つかったら、臆することなくそれに従って進みましょう。この期に必要とされるのは、まさにその勇気です。

この期をラッキーポイントとする人の

幸運の７週間

出生時に木星がこの期にあったなら、あなたのラッキーポイントは木星37期。次にリストアップした７週間は、あなたの幸運期として、毎年変わらず運が味方してくれることでしょう。

12月19日～25日	予言のカスプ	水晶玉をのぞく
４月19日～24日	力のカスプ	引き下がるな
８月19日～25日	露出のカスプ	上手にかくれんぼうを
６月19日～24日	魔法のカスプ	魔法をかけろ
３月19日～24日	再生のカスプ	生まれ変わるとき
９月19日～24日	美のカスプ	美しく装え
２月23日～３月２日	魂の期	瞑想の時間

※ どの期においても、幸運の波に乗るには、それぞれの期の特徴をあらかじめ知っておくことが大切です。さらに詳しい解説にあたり、木星のもつ幸運のエネルギーを最大限に活用しましょう。

第38期
支配権を握れ

支配者の期
山羊座1期

[この期の木星がもたらす幸運]

この期の木星は神々の王の役割を担います。最高の支配者という役に大喜びして、とことん自分の役を演じきります。したがって、この山羊座1期には、職場でも家庭でも、自分が采配《さいはい》を振れる場面に、幸運がついてくる可能性があります。自ら集団のルールを決め、それに従うことは、自由に動く余地を減らすことになりますが、その分心が安定し、大きな報いが得られるでしょう。

ここでは、他者の利益に配慮することを何よりも優先しましょう。この期のあなたは、まわりから尊敬され、お手本にされ、特に年下の者たちに対して強い影響力をもつからで

幸運への近道

役に立つ、勤勉、面倒見をよく

注 意

押しつけがましい、感情を抑える、横暴になりやすい

す。実際この期には、成功したあなたを見て、自分も見習おうと思う人がでてくるでしょう。さらにここでは、真の自由は責任を逃れることではなく、責任をまるごと引き受けることであると、素直に実感できるはずです。自分の進むべき道がはっきりわかっていれば、そのときどきの感情の揺れに翻弄されることがなくなり、利用してやろうと狙っている人間がいても、その餌食になることはないからです。

誕生日の木星の位置が、この期にあたる人は、生まれながらにリーダーの素質をもっていることが多いもの。これまでも、しっかりした目的をもって人生を歩み、道を見失うことはなかったはずです。また、過去に自分がリードをとろうとしたが、どうもうまくいかなかったという人も、この山羊座１期に入ると、自分の能力に自信がもてるようになり、難しい仕事も高いレベルで仕上げることができるものです。個人のやる気がグループを成功に導けるときですから、家族や仕事仲間からも大いに感謝されて、満足感にひたれるでしょう。

またこの期は、自分の仕事に誇りをもって取り組むことも大切。それによって、同僚たちとの絆も深まり、グループの成功がそのまま自分の成功だと実感できるでしょう。他者のために必死に頑張るあなたに、周囲も大きな信頼を寄せ、ひとつの目的の下に同僚たちの結束もますます強くなっていくはずです。

この時期は、まったくひとりで仕事を始めるのには適しませんが、現在の会社のなかに自分が采配を振れる部署をつくる、あるいは仲間を呼び集めて会社をつくる場合には、幸先がいいもの。そうするうちに、今までまったくあなたの意見に耳を貸さなかった人も関心をもつようになり、成功に向けてエンジン全開のあなたの姿を、あこがれのまなざしで見るようになるかもしれません。

この時期、家庭では熱心に子どものことを考える親とな

山羊座１期
の有名人

ジョン・ヒューム、ポール・ニューマン、三島由紀夫、ジュリアン・ムーア、サミュエル・L・ジャクソン

り、自身の親に対しては、温かい気配りをし、支援の手を惜しまないことでしょう。老いた両親や兄弟姉妹と、過去にどんないざこざがあったにせよ、今はそれを解消できるときです。小旅行に連れていく、腹を割って話をする機会をつくる、あるいはトランプやボードゲームを楽しむのでもかまいませんから、とにかくもう少し、いっしょに過ごす時間を増やしてみましょう。年老いた者にとっては、じつにささいなことがとてもうれしいものです。それに気づいていけば、あなたの人間性にも深みが出て、それだけ大きな幸運をつかむことができるでしょう。親切は必ずだれかがどこかで見ているもの。後で思わぬ形で報われることが多いのです。

山羊座が勤勉・勤労を尊ぶ傾向があるのは、土星の強い責任感に支配されているためで、木星はこの期に入ると、誠実、正義、公平の意識に目覚めます。ここでは苦境に陥っている会社や集団の運をあなたが好転させる可能性もあるでしょう。木星は行く先々に楽天主義をもたらすので、つねに希望の灯を絶やさぬかぎり、この期はカリスマ性をもったあなたの主張に、みんなが必ずついてきてくれるでしょう。木星のもうひとつの特徴である未来を見通す力も、あなたが困難の先を見通して必ずゴールに到達できるよう、力を貸してくれます。

さらに、きく耳のある人には、あなたのヴィジョンを説明してやりましょう。そうして、それに賛同した人間を、進んで仲間に加えていくのです。未来を見通す確かな目をもつリーダーのもとに、みんなが固く結束すれば、そのグループは、さらに大きな成功を手に入れられるはずです。

この期をラッキーポイントとする人の

幸運の７週間

出生時に木星がこの期にあったなら、あなたのラッキーポイントは木星38期。次にリストアップした７週間は、あなたの幸運期として、毎年変わらず運が味方してくれることでしょう。

12月26日～１月２日	支配者の期	支配権を握れ
４月25日～５月２日	発現の期	自分のものにせよ
８月26日～９月２日	組織の建設者の期	秩序をつくりだせ
６月25日～７月２日	共感の期	他人に心を寄せよ
３月25日～４月２日	子どもの期	あどけなさの勝利
９月25日～10月２日	完全主義者の期	何事も正しく
９月19日～24日	美のカスプ	美しく装え

※ どの期においても、幸運の波に乗るには、それぞれの期の特徴をあらかじめ知っておくことが大切です。さらに詳しい解説にあたり、木星のもつ幸運のエネルギーを最大限に活用しましょう。

第39期
本来の務めを越えて働く

決意の期
山羊座２期

[この期の木星がもたらす幸運]

この期に木星のエネルギーを活用するには、現在手がけている仕事を、固い決意で最後までやり抜くことです。少しでもやる気を失ったり、途中で投げだしたりするのは禁物。この期は、忍耐強く、コツコツと頑張ってきたことが報われるときなのです。よって、仕事に精を出すことを、「働き中毒」というような悪い見方をしないこと。それは成功のために必要なことだと思いましょう。新たな刺激や変化を期待することなく、たしかなゴールをめざして、正しい道を一歩、一歩、着実にたどることが大切です。

数年来悩み続けてきた慢性病が好転するのも、この時期に

幸運への近道

立ち直りを早く、臨機応変に、理論好き

注　意

だまされやすい、とっつきにくい、ワーカホリック

はめずらしいことではありません。通常の治療、医者から指示されたエクササイズ、薬物治療（特に自然重視のもの、ホメオパシー療法など）、カウンセラーやセラピストとの対話が、この期に、あるいは将来に向けて、たしかな効果を挙げることでしょう。ただし、即効性を期待してはいけません。急性の病は強い症状に苦しむかわりに、割合早く治るものですが、慢性病は、症状が緩やかな分、長引いて、完治するのが難しいもの。効き目がないからといってこれらの治療をすぐやめてしまわず、わずかでも改善がみられたり、症状が悪化したりしなければ、それはそれで効いたのだとして、じっくり続けましょう。

そして何よりも大事なのは、つねにポジティブな気持ちでいること。これといった大きな幸運がまったく訪れないからといって、憂鬱にふさぎこみ、自分は不幸な星の下に生まれたのだ、などと悲観してはいけません。そういう思いこみは、進歩の邪魔になるだけです。大事なのはあなたの物の見方を変えること。あまり大きな期待をせずに、ほどほどのところで満足することを覚えましょう。オランダの格言はこれについて面白いことをいっています――「普通にやれればそれでいい。今はそれだけでも大変なときなのだから」

山羊座２期に木星があるときは、安定、秩序、体系が重視されます。仕事場で波風を立てず、プライベートで人の反感を買うことがなければ、自分がほんとうにしたいことをだれにも邪魔されずにできる時間が、もっと増えることでしょう。たとえば好きな趣味を楽しむ時間にしても、週に何時間やる、と規則正しく時間を決めておくと、思いきり楽しめるはずです。ふだん仕事に専念して頑張っている分、レジャーにじゅうぶんな時間をさくのは正当な権利と思いましょう。職場によっては、旅行や教養講座、人間ドックなどを格安の値段で提供するプランが用意されているでしょうから、そういうものを積極的に利用したらどうでしょう。家庭内で、数

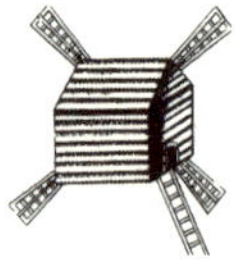

山羊座２期の有名人

ウォルト・ディズニー、マーガレット・ミード、バート・ランカスター、サム・ペキンパー、ジャック・レモン、マーガレット・サッチャー、ロバート・ラウシェンバーグ、ロバート・レッドフォード

年前から温めていた計画があるなら、この期に実行するべく、会社のプランを利用して資金調達するのもいいでしょう。

木星は旅を好むので、この「決意の期」では、将来大きな旅行をするために、貯蓄を始めるのも最適です。大きな旅行は生涯にわたって人生によい影響を与えてくれるといいます。つまらない物を買って小分けに散財するより、自分にとってほんとうに価値あることにまとまったお金を使うほうが、ずっと大きな満足を得られるもの。昔から夢見ていたあこがれの場所に出かけたり、何か興味のある講座を受講したりすれば、あなたの可能性がより大きく広がり、夢を現実にすることができるかもしれません。

もしこの期に、人から明らかな攻撃を受けたり、反感を買ったりしたら、今はそれに反撃を加えるより、とりあえず頭を下げておく、それでいて自分の理想を曲げることなく、じっとそこに踏みとどまっていましょう。同様に、現在の仕事にずいぶん前から不満をもっているとしたら、この期は、今一度腰を据えて頑張ってみるべきです。ここよりは、あっちのほうがいいだろうと勝手な期待をして、突然新しい仕事に転職するのは危険です。ハムレットのせりふにもこうあります――「見も知らぬあの世の苦労に飛びこむよりは、慣れたこの世のわずらいをがまんしようと思うのだ」と。この期は、変化を求めて他へ目を移すより、粘り強い態度で、目の前の仕事をコツコツやっていきましょう。

誕生日の木星の位置がこの期にあたる人は、すでに決意の大切さを学んでいるでしょうが、木星がこの期に入ったときはだれもが、権力や富に目がくらんで目の前の仕事をおろそかにすることがないよう、じゅうぶん気をつける必要があります。地味な努力で、上手に事を成し遂げる、それを学ぶことが、この期に幸せと成功を手に入れる鍵となります。

この期をラッキーポイントとする人の

幸運の７週間

出生時に木星がこの期にあったなら、あなたのラッキーポイントは木星39期。次にリストアップした７週間は、あなたの幸運期として、毎年変わらず運が味方してくれることでしょう。

１月３日～９日	決意の期	本来の務めを越えて働く
５月３日～10日	教師の期	教訓を得よ
９月３日～10日	謎の期	ミステリーを解け
７月３日～10日	型破りの期	堂々と自分流で！
４月３日～10日	星の期	輝け！
10月３日～10日	社会性の期	もっと社会へ！
６月11日～18日	探求者の期	極限まで探求せよ

※ どの期においても、幸運の波に乗るには、それぞれの期の特徴をあらかじめ知っておくことが大切です。さらに詳しい解説にあたり、木星のもつ幸運のエネルギーを最大限に活用しましょう。

第40期
腰を据える

統治の期
山羊座３期

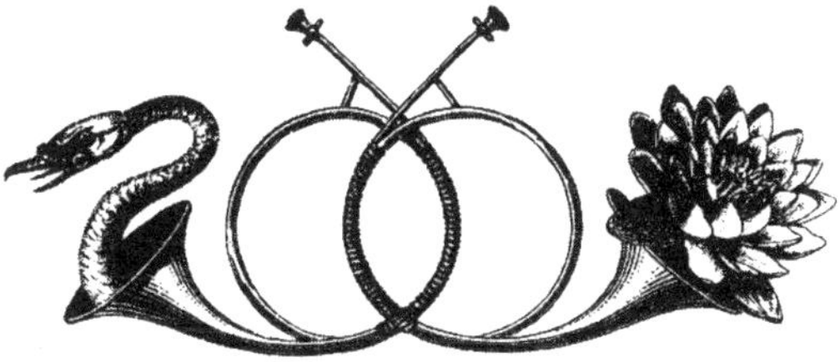

［この期の木星がもたらす幸運］

木星が自分の居場所に安住しているめずらしい時期です。よってここでは、成功を手にするために、ゴールめざしてしゃかりきになる必要はなく、さらには、まったく前進しなくてもかまいません。自分の小さな帝国内の、財布事情、家族関係、人づきあいに気をくばり、悪い方向に地滑りしないよう地固めをしっかりしておく。それが将来思い切った行動に出るための準備となります。

ご承知の通り、マイナスをマイナスすれば、プラスになります。よって、あなたのなかにあるマイナス部分、すなわち、好ましくない性癖、明らかに破滅的な資質を取り除いて

幸運への近道

プロ意識を持つ、障害を乗りこえる、持続力

注　意

不注意、不埒《ふらち》、自分を犠牲にする癖がある

やることで、この期には大きなプラスの結果を呼ぶことができます。どんな形でも自分を反省することは幸運を招く鍵となり、それによって精神的な安定も図れます。同様に、生活空間を清潔にし、整理整頓《せいとん》することもプラスの結果を呼びます。長いことほうっておいた家庭の問題や、ずっと気になっていた金銭面や税金の問題を片づけていく。古いコンピューターのなかの不要ファイルを徹底的に削除し、すっきり整理する。そういった作業を通して、無駄に滞っていたあなたのエネルギーが解放され、新しいことに着手する意欲が生まれます。

ただし今まで見向きもしなかった家庭や親戚の問題に、突然口を出すようになれば、反感を買うこともあり、特に、そんなあなたを独断専行と見る向きからは、明らかな敵意が集まるでしょう。したがって、ここはゆっくり、慎重なアプローチを心がけ、うっかり他人の爪先《つまさき》を踏まないよう注意しましょう。これまで親戚関係のことを自分が中心となって仕切ってきた人物がいたら、その人の気持ちを考慮することは必須です。長年自分がいた場所に、いきなり別の人間に割りこんでこられては、相手がだれであろうと、いい気持ちはしないでしょう。彼らは現状維持が一番だと思っているのです。もちろんあなたには、みんなにとって、どうすることが最善なのか、はっきり見えているのですが、あなたと同じものが全員に見えているわけではありません。よって、自分のヴィジョンをわかってもらうためには、忍耐強いアプローチが必要です。現実に即した実際論で迫り、臆測や机上の空論で物をいわないことが、理解を得る近道です。

このことは仕事の面でもあてはまります。目だった前進をするより、自分の今立っている基盤をより強固にすることが大事です。ときには保守的すぎると周囲から強い批判を浴びるかもしれません。しかしここはよくよく慎重になり、単に同僚に何かを証明してみせるために、うかつな行動に出ない

山羊座3期
の有名人

マレーネ・ディートリッヒ、ディック・ヴァン・ダイク、マルコムX、コリン・パウエル、ジャック・ニコルソン、ダスティン・ホフマン、シガニー・ウィーバー、ツイッギー、ブルース・スプリングスティーン

ことです。この期は、あなたも、あなたの属するグループも、現在のポジションをより堅固に、攻撃不能なまでに固めていくことで、最大の利益が得られるのですから。

誕生日の木星の位置が、この期にあたる人は、おそらく非常に用心深い人でしょう。これまで雲をつかむような計画に一切手を出さなかったことで、幸運を引き寄せてきたかもしれません。木星がこの期にあるときは、だれでも、うさんくさいプロジェクト、怪しげな約束といったものを、一切断ることで、成功のチャンスを拡大することができます。だからといって、この期にリスクを負うのは厳禁ということではありません。厳しい現実に直面したときは、直感や第六感に従って判断するのも必要です。もともと夢みたいな話に対して、危険な賭けをする必要はないということです。

機械技術をマスターするという目標も、この期に木星があるときはぜひ取り組んでみたいもの。特にコンピューター関係は最適です。唯一気をつけねばならないのは、機械に向けるような完ぺき主義的態度を人間関係には決して向けないこと。特に人生のパートナーや親友にはなおさらです。この期の木星は深い感情を理解しないので、人間の心の機微には鈍感です。その影響をまともに受けてしまうと、あなたの明らかに無神経な態度に傷つく人や、ずかずかとプライバシーに踏みこまれて憤慨する人が出てくるはずです。悪気はないのに、という言い訳はここでは通用しません。

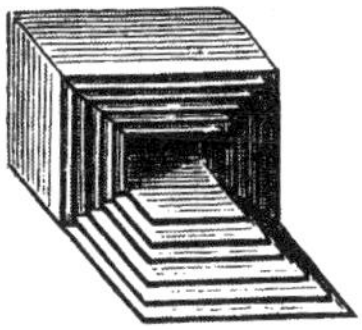

この期は、以前に何があろうと、家族や友人に献身的に尽くしていけば、やがて信頼を得ることができるでしょう。それには、あなたがみんなのためを思って働いていることを理解してもらうことが一番。そして、実際にたしかな結果を出してやることです。あなたが地道な努力を重ねていくことで、みんなの生活は少しずつ改善され、より快適で有意義な毎日を手に入れることができるはずです。

この期をラッキーポイントとする人の

幸運の7週間

出生時に木星がこの期にあったなら、あなたのラッキーポイントは木星40期。次にリストアップした7週間は、あなたの幸運期として、毎年変わらず運が味方してくれることでしょう。

1月10日～16日	統治の期	腰を据える
5月11日～18日	自然の期	ありのままの自分で
9月11日～18日	ストレートに解釈する人の期	ただ事実のみを
7月11日～18日	説得者の期	説得力をもて
4月11日～18日	開拓者の期	発言せよ
10月11日～18日	劇場の期	役をまっとうせよ
7月19日～25日	振動のカスプ	バランスをとる

※ どの期においても、幸運の波に乗るには、それぞれの期の特徴をあらかじめ知っておくことが大切です。さらに詳しい解説にあたり、木星のもつ幸運のエネルギーを最大限に活用しましょう。

第41期
空想を現実に

謎と想像力のカスプ
山羊座－水瓶座カスプ

［この期の木星がもたらす幸運］

またとないエキサイティングな時期です。ほどほどの満足を嫌い、大きな成功を手にできるなら喜んで賭けに出ようというあなたに、幸運の女神が味方してくれます。

ここではめずらしいことに、文字通りの「ギャンブル」が幸運の鍵に。情勢があなたに不利であればあるほど、一攫千《いつかく》金のチャンスともいえ、一か八かの大勝負で成功できる可能性が高いようです。勝てるわけがないとか、失敗したらどうしよう、などという余計な心配は脇において、ここは思い切って時の運に任せてみましょう。

人生もひとつのゲームと考えた場合、この期では、たとえ

幸運への近道

エキサイティング、人を楽しませる、快活

注　意

はちゃめちゃ、気むずかしい、かんしゃくもち

どこかで負けても、単純にマイナスとはいえません。力を尽くさなかったからいけないとか、危ないことに手を出したのが悪いんだと、自分を責める必要はありません。予想される最悪の結果はといえば、たかが一時的な退歩。むしろこの「謎と想像力のカスプ」では、失敗したことが将来の大きなチャンスにつながる可能性が高いのです。未来の成功のために、今は失敗という授業料を払ったと思いましょう。「一度も人から愛されないより、一度でも愛されて失恋したほうがいい」という言葉は、ここでもあてはまるのです。

数年前から思い焦がれていたけれど、どうしてもアプローチできなかった。そんな相手がいるなら、この期こそトライしてみるチャンスです。その際努力したら努力した分だけ成功の確率はアップしますから、ここはひとつ、本腰を入れて頑張ってみましょう。たとえば、思いきりおしゃれをして、センスのいいプレゼントを用意し、柔らかな照明の下、おいしい料理でもてなす。相手を王様や女王様のようないい気分にさせてやれたら、成功はもう間近です。ここは、恥ずかしがったり、控えめに出たり、というのはナンセンス。相手を自分に夢中にさせるべく、がんがん攻めていきましょう。

誕生日の木星の位置が、この「山羊座−水瓶《みずがめ》座カスプ」にあたる人は、いつでも冒険やワクワクすることに心引かれてきたことでしょう。そしてそれがプラスに働いてきたはずです。誕生日がそうでなくても、あるいはどんなに冷静沈着な人でも、この期に入ると、思いっきり派手に自分を表現してみたくなるものです。

「山羊座−水瓶座カスプ」ときいて、ブラジルのカーニバルのような、忘我の境地で楽しむことを連想する人は、正解です。そしてこの期は、空想に存分に浸るだけでなく、それを現実に生かす時期でもあり、その結果、多額の金銭を手にする可能性もあります。お金儲けの手段は必ずしもギャンブルとは限りません。クリエイティブな分野でも自分の才能を認

山羊座−水瓶座カスプの有名人

アンセル・アダムズ、ウィリアム・バロウズ、アンソニー・ホプキンス、サダム・フセイン、ジェーン・フォンダ、モーガン・フリーマン、トム・ウェイツ、パロマ・ピカソ、メリル・ストリープ、エディ・マーフィー

めてもらえるチャンスがあります。刺激的な言葉や幻想的なスケッチ、人目を引くイラストやひねりのきいた斬新なフレーズを駆使した作品が人気を集め、その道のプロとして報酬を得られる可能性もあります。

地の宮の山羊座、風の宮の水瓶座のあいだにある時期ですから、ここでは官能と精神性という面白い力のミックスがみられます。さらには天王星の影響も強く出て、水瓶座に、もっとくつろぐようにと促してきます。この期の木星は、さまざまな規制がまったくないことに満足し、どこまでも自由に、自分の可能性を広げていきます。土星の影響も弱まっていますから、ネガティブで批判的な態度に水を差されることもありません。

しかしながら、山羊座の影響は依然としてここにあり、運命をすべて風任せにするわけにもいきません。

持ち前の良識を働かせれば、成功のチャンスはより大きくなるでしょう。冒険に果敢に臨みつつ、準備を万端に整えておくことで、自信と安心感が得られ、結果、あなたほど柔軟でなく、忍耐にも欠けるライバルに、ここで大きく差をつけることができるはずです。夢を非常に現実的な方法で実現するのは少しもおかしなことではない、それがわかったら、人生というゲームでも、きっと好調なスタートを切ることができるでしょう。

また、自分の夢や空想を書き出してみることも、潜在意識を利用して新しいアイディアを生み出すひとつの方法です。こういう手だてを巧みに利用していくと、無意識と有意識のあいだに強い結束が生まれます。

この期をラッキーポイントとする人の

幸運の７週間

出生時に木星がこの期にあったなら、あなたのラッキーポイントは木星41期。次にリストアップした７週間は、あなたの幸運期として、毎年変わらず運が味方してくれることでしょう。

１月17日～22日	謎と想像力のカスプ	空想を現実に
５月19日～24日	エネルギーのカスプ	身のまわりを活気づけよ
９月19日～24日	美のカスプ	美しく装う
７月19日～25日	振動のカスプ	バランスをとる
４月19日～24日	力のカスプ	引き下がるな
10月19日～25日	演劇と批評のカスプ	批評せよ
11月25日～12月２日	独立の期	自分の力で

※ どの期においても、幸運の波に乗るには、それぞれの期の特徴をあらかじめ知っておくことが大切です。さらに詳しい解説にあたり、木星のもつ幸運のエネルギーを最大限に活用しましょう。

第42期
先鞭をつけよ

才能の期
水瓶座１期

[この期の木星がもたらす幸運]

石にかじりつくようにして頑張った結果、大きな幸運を呼んだという展開は、この期には期待できないでしょう。むしろここで求められるのは、直感で機敏に動くこと。自分が直面している状況を瞬時のうちに把握し、正しい判断を下すことが求められます。敵に一歩先んじて、ゴールに真っ先にたどり着くのが一番というわけです。最後まであきらめるな、というより、だめだと思ったら早々に見切りをつけて、もっと大きな計画を実現させたほうがいいでしょう。

ただし、水瓶座を支配する天王星の影響があるため、一度勢いよく走りだすと、コントロール不能になる危険性もあり

幸運への近道

早熟、ユニーク、独学する

注 意

せっかち、すぐに取り乱す、ストレスで消耗しやすい

ます。ちょうどブレーキの甘い車が、危険なカーブにさしかかってもスピードを落とせないのと同じです。目的地にはできるだけ早く到着したいけれど、事故は起こしたくないもの。人生においても、スピードのバランスは重要です。早春のちょうど雪解けの時期に、山道を運転していると思ってください。のろのろ運転ではぬかるみにはまってしまいますが、かといってスピードを出しすぎても、スリップして道路からはずれる危険性があります。人生もこれと同じで、危険に満ちた状況では、適正スピードを守ることが惨事を回避する鍵なのです。

プロジェクトを立ち上げるにも、何か事が起きたときに対応できるよう、周到な準備をしておくことは大切です。しかし、最初にこう決めたからといって、いつでもそれを固定的にあてはめるのはよくありません。その場の状況にもっとも適切な方法を即座に考えだせる柔軟性が必要です。この期の木星は、不安定で、予測不能なところがありますから、天王星がもたらす予期せぬ変化に、いつでも対処できるようにならないといけません。

天王星のエネルギーはまったく油断ならず、いったいこれはテレパシーか、魔法かと思うような、不思議な状況を作りだしますから、こちらのほうも、従来と同じアプローチでは対処できません。これまでにはない斬新なやり方が功を奏することも多いでしょう。

予想通りに物事が運ぶというのは、ここではまったく期待できません。たしかなことは、つねに変化するということ。頭の固い人は、こういう変化に心をかき乱されるかもしれません。この期に最大の幸運をつかめるのは、機を見るに敏で、変化に対して即座に対応できる人です。同様に、ここでは偶然が次々と起こり、人間の生活は偶然に支配される部分が多いこともわかってくるでしょう。自分のまわりでいいことをたくさん起こそうと思ったら、時計が刻む時間にばかり

水瓶座１期の有名人

ポール・ボキューズ、リチャード・マシスン、松谷みよ子、ジョン・スタインベック、ダイアナ・スペンサー、ジョージ・クルーニー、デニス・ロッドマン、哀川翔

とらわれず、偶然のめぐりあわせという神秘のときがあることを忘れず、事を行うのに絶好のタイミングをつかみましょう。

誕生日の木星の位置が、この期にあたる人は、状況の変化に人一倍敏感で、変化をマイナスと見ずに、自分の利に結びつけることが得意なはず。

実際誕生日がそうでなくとも、この期に入るとわたしたちのだれもが、これまでのやり方を疑ってかかる必要がでてきます。木星の稲妻がこの期にまで及び始めると、従来はそれでうまくいっていたけれど、これからはそうはいかないということが多数出てくるからです。

この期には、インターネット、電子メール、コンピュータープログラム、電話、ファックスを使った活動が幸運を呼ぶ兆しがあります。そういった文明の利器を仕事で使いこなす力が、成功には必須となるでしょう。古いタイプの人は、大きな危機感を感じるかもしれませんが、ここはひとつ発想を転換して、新しい電子メディアを受け入れることが必要です。いつまでも拒否していると、やがてビジネスは不振に陥るかもしれません。

プライベートでも、他人の言葉や気持ちをシャープに理解する能力があれば、人間関係はますます発展していきますが、逆に、その場の空気が読めなかったり、相手の気持ちに鈍感だったりすると、いつのまにか孤立してしまう危険性も。そうならないよう、相手の考えや願いに、自分の波長を合わせるよう努力してみましょう。人間は自分と同じ波長をもっているとわかった相手は、容易に受け入れる傾向があるものです。

この期をラッキーポイントとする人の

幸運の７週間

出生時に木星がこの期にあったなら、あなたのラッキーポイントは木星42期。次にリストアップした７週間は、あなたの幸運期として、毎年変わらず運が味方してくれることでしょう。

１月23日～30日	才能の期	先鞭をつけよ
５月25日～６月２日	自由の期	束縛を断て
９月25日～10月２日	完全主義者の期	何事も正しく
７月26日～８月２日	権威の期	下準備が肝心
４月25日～５月２日	発現の期	自分のものにせよ
10月26日～11月２日	強さの期	レーザー光線を照射せよ
10月11日～18日	劇場の期	役をまっとうせよ

※　どの期においても、幸運の波に乗るには、それぞれの期の特徴をあらかじめ知っておくことが大切です。さらに詳しい解説にあたり、木星のもつ幸運のエネルギーを最大限に活用しましょう。

第43期
冷静に

若さと安らぎの期
水瓶座２期

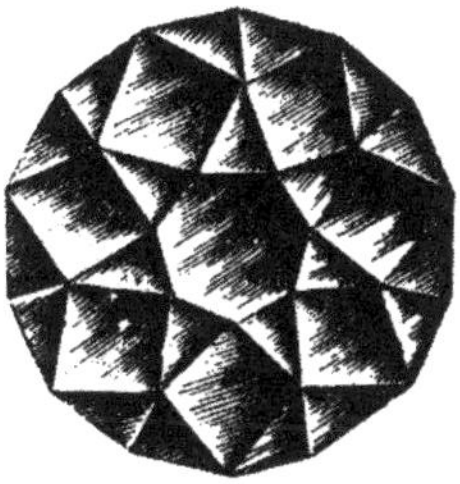

［この期の木星がもたらす幸運］

何か問題を起こしたり、自分から波風を立てたりしないかぎり、この期の幸運は自然にあなたについてきます。モットーは「人は人、自分は自分」。成功が間近に見えているというのに、最後の最後で、他人から反感を買ったり、抵抗を受けたりで、失敗するのはよくあること。そうならないためにも、同僚や上司を敵に回してはいけません。いつも心をオープンにし、他人に進んで力を貸し、自分の成功よりグループ全体の幸せを考える人でありましょう。

この期の成功の鍵は、できるだけ抵抗の少ない道を進むこと。人生は厳しく、他人は信用できないというのは、勝手な

幸運への近道

完成させる、称賛する、洗練

注　意

未熟、くよくよする、人を寄せつけない

思いこみ。あなたがそう見ようとしているだけで、現実はそれほど悲観すべきものではないのです。思いこみの力というのは強力ですから、木星が水瓶座２期にあるときは、特に意識して物事をよい方向に考えることが必要です。この期は概して、うまくいくと思ったことは、その通りになるもの。かといって、何もかも楽に進むと思ってはいけません。確実に結果を出すために、ときには全身全霊で努力しなければならない場合もあるでしょう。

周囲のはりつめた空気や緊張に敏感であれば、あらかじめ危機を回避することは可能です。そのままにして、後で大変なことになるより、早いうちに手を打っておくのが賢明というもの。対人関係の問題ならなおさらです。双方の気持ちをじゅうぶんに理解し、衝突しそうな感情を上手に収めてやる。個人間でも、グループ間でも、わだかまりが見えてきたらいつでも、あなたが仲裁役を買ってでるべきです。木星がこの期にあるときは、とにかく駆け引き上手になりましょう。衝突を回避して調和を維持するよう心がければ、大きな破綻《はたん》は免れられます。

誕生日の木星の位置が、この期にあたる人は、リラックスして緊張を解くことで、最大の成功を手にしてきたはず。趣味やレジャーでも心を大きく解放して、思う存分楽しめる人です。だいたい世間的に成功している人というのは、自分に自信をもっていて、大きくゆったり構えているものです。小さなことに腹を立てて、いつもイライラしていては、成功もおぼつかないのは当たり前。怒りの感情に翻弄されず、それを建設的な方向にもっていくのが大人物の心得です。

この期は特に愛や友情の果たす役割が大きくなります。新しい人と知り合い、よい関係を結んでいくチャンスが、ほぼ毎日のように訪れることでしょう。そこで芽生えた関係は、プライベートでも仕事でも、将来的にあなたを有利な立場に立たせるはずです。物事を明るく考え、つねに優しい言葉を

水瓶座２期
の有名人

ジョー・ディマジオ、マルグリット・デュラス、ジェリー・ルイス、ジョン・コルトレーン、チャック・ベリー、布袋寅泰、竹宮惠子、テリー・ケイ、反町隆史

忘れず、道徳的でありながら、柔軟性も持ち合わせている。そういうあなたなら、周囲はまちがいなく好意と信頼を寄せるはずです。たかが小さな親切と、あなどってはいけません。そういった日常の些細《ささい》な心配りに、幸運の女神の目は強く引きつけられるのです。この期には、願いは必ずきき届けられるものと信じましょう。

またここでは、あなたの行動や思想そのものより、それをどう表現するかに心を砕くのが成功の鍵になります。優しい言葉、気前のよさ、真心のこもった笑み、そういったものすべてが、相手の信頼を勝ち取る武器になるはずです。いつもイライラせかせかしている人も、この期は意識して緊張をほどき、ゆったり動くのが正解。頑張りすぎているというイメージを人に与えず、自然体でいることが成功の鍵です。ただしあまりにマイペースで動いて、周囲をいらだたせたり、不安にさせたりしてはいけません。また、どんなにあなたの考えが素晴らしかろうと、相手と衝突する危険があるなら、ここでは提案を差し控えるべきです。人生には、戦わねばならないときは山ほどありますから、木星が水瓶座２期にあるこのときぐらいは、自分を休ませてあげましょう。とにかくここでは、不要な争いは避けるのが賢明です。

この期はまた、大声でがなり立てるようなアプローチでなく、できるだけ抑えたトーンで物事を進めるのが成功の秘訣。寝室のメイクラブといったごくプライベートな場面でも、公道で車を運転するような公の場面でも、攻撃的になるのは極力避けましょう。自分ならこうするのにと思っても、まずはその場のムードを第一に考える。波風立てることなく、人生の自然な流れに身を任せるのが、この期にふさわしい態度です。

この期をラッキーポイントとする人の

幸運の７週間

出生時に木星がこの期にあったなら、あなたのラッキーポイントは木星43期。次にリストアップした７週間は、あなたの幸運期として、毎年変わらず運が味方してくれることでしょう。

１月31日～２月７日	若さと安らぎの期	冷静に
６月３日～10日	新しい言語の期	言葉で攻めよ
10月３日～10日	社会性の期	もっと社会へ！
８月３日～10日	バランスのとれた力の期	着実かつ誠実であれ
５月３日～10日	教師の期	教訓を得よ
11月３日～11日	深さの期	内面を深く見つめよ
６月19日～24日	魔法のカスプ	魔法をかけろ

※ どの期においても、幸運の波に乗るには、それぞれの期の特徴をあらかじめ知っておくことが大切です。さらに詳しい解説にあたり、木星のもつ幸運のエネルギーを最大限に活用しましょう。

第44期
戦わない

受容の期
水瓶座３期

［この期の木星がもたらす幸運］

ふたつの物体が互いに力を及ぼし合う時には、これらの力はつねに大きさが等しく、向きが反対である、というのはニュートンが発見した運動の第三法則。学生時代に学んだこれに照らし合わせれば、ドアひとつ開けるのでさえ、必ず抵抗力を受けるということ。比喩的にいえば、ドアのありかを人に知られなければ、開けられることはないし、こちらがドアを押し返さなければ、向こうもドアを押して入ってこられないということになります。押したり引いたりと、対抗する力があまりにエスカレートすると、たいていはよくない結果が起こります。水瓶座３期にある木星はわたしたちに、強い力

幸運への近道

快活、発明の才、愛情豊かに

注　意

いらいらしやすい、壊れやすい、貪欲

にあらがわず、敵にやり返すなといってきます。概して、自分に向かってきた力はできるかぎり受け入れよ、ということです。もちろん自分の信念や理想をひどく曲げてまで相手に従えということではありません。この期に幸運を得たいと思うなら、他人の挑発には極力乗らず、上手にかわせということです。

木星がこの期にあるときは、お金儲けよりも、道徳的に価値の高い仕事をするのがふさわしいもの。特に、虐げられた人たちや障害をもつ人たちに関心を向けるのは大切です。水瓶座３期にある木星は、社会意識が大変強くなるため、地域社会や、近隣社会のなかで熱心に働く人に、大きな幸運を授けてくれます。金儲け主義が敗退し、高いヒューマニズムが勝利するといった場面も、この期には繰り返しみられることでしょう。果たして自分は、目先のお金がほしくてやっているのか、それとも真に道徳的価値を尊重してやっているのか、自分の行動の動機をたしかめておくことも必要です。この期に人格を磨いておけば、あなたの言葉を信用して、将来いっしょに事業を起こそうという人が出てくるかもしれません。

また、心を開いて他人を受け入れることで、あなた自身の評判もよくなります。「受容の期」に木星があるときは、相手を責め、批判ばかりする人は、孤立するだけで、人からもよく思われません。生まれたとき、木星がこの期にあった人は、もともと考え方が柔軟で、心も広い人が多いもの。誕生日がそうでなくとも、この期に入るとたいていの人は、人間愛に強く目覚めることでしょう。

ここでのキーワードは、「許し」。過去に他人から受けた侮辱や傷をいつまでも恨みに思っていないこと。怒りに凝り固まった心を解いて、もっと他人を受け入れることで、人間的に成長し、成功や幸せをつかむチャンスも広がっていくものです。たとえ許しても、一度心に受けた傷は生涯忘れられな

水瓶座３期の有名人

イギリス女王エリザベス２世、マイルス・デイヴィス、カール・ラガーフェルド、フィリッパ・ジョルダーノ、シェリル・クロウ、松田聖子

いという人がいます。しかしほんとうの意味で許すというのは、過去に他人から受けた傷をすっかり忘れることなのです。そういうと、ずいぶん不甲斐《ふがい》ないじゃないかと思う人がいるかもしれません。しかし許すことは、決して弱者になりさがることではありません。許すことで力を得るということが、現実にはあるのです。老子は、「戦闘に優れた者は怒気をあらわさない。最もよく敵に勝つ者は敵を相手にしない」として、これを争わないことの「徳」としています。柔よく剛を制す。動かないカシノキは強い嵐が来れば、根こそぎにされ、風にしなうアシのほうがずっと強いというのと同じです。

同様に、水瓶座を支配する「風」も、水瓶が内にたたえる「水」も、一見穏やかで楽に組み伏せられそうに思えますが、そのじつ、こちらが強い攻撃を加えようとしても「火」や「土」を相手にするようなわけにはいきません。向かっていったとたん、向こうは正体なく分散してしまうからです。つまり、抵抗しないことが最大の攻撃となっているわけです。これに倣えば、わたしたちも猛烈な攻撃を受けたときは、抵抗しないで、あっさり受け入れることが最大の防御になるといえます。「なるほど、それももっともだ」と、相手の怒りなり、責めなりに納得してしまう。すると向こうはすっかり出鼻をくじかれて、手も足も出ないということがあるのです。

この時期は特に、人間愛を生活の基本に置き、できるだけ他人を受け入れるようにして、無用な戦いを避けましょう。そうしておいてよかったと、あとできっと気づく日が来るでしょう。

この期をラッキーポイントとする人の

幸運の7週間

出生時に木星がこの期にあったなら、あなたのラッキーポイントは木星44期。次にリストアップした7週間は、あなたの幸運期として、毎年変わらず運が味方してくれることでしょう。

2月8日～15日	受容の期	戦わない
6月11日～18日	探求者の期	極限まで探求せよ
10月11日～18日	劇場の期	役をまっとうせよ
8月11日～18日	リーダーシップの期	先頭に立て
5月11日～18日	自然の期	ありのままの自分で
11月12日～18日	魅力の期	魅了せよ
12月19日～25日	予言のカスプ	水晶玉をのぞく

※ どの期においても、幸運の波に乗るには、それぞれの期の特徴をあらかじめ知っておくことが大切です。さらに詳しい解説にあたり、木星のもつ幸運のエネルギーを最大限に活用しましょう。

第45期
感覚を研ぎ澄ませ

鋭敏のカスプ
水瓶座–魚座カスプ

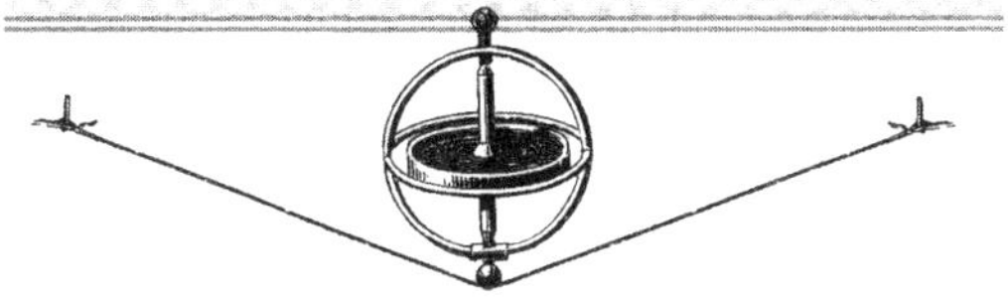

[この期の木星がもたらす幸運]

ここで最大の幸運をつかむには、自分の感情にとことん正直になることが必要です。実際わたしたちのほとんどは、心の深いところにある感情には無頓着《むとんじやく》です。折々の感情の揺れには気づいていても、なぜそう感じるのか、何が自分をこういう行動に駆りたてているのかは、意識しないのが普通です。ふだんは表に出てこない自分の隠れた感情を掘り起こし、もっと深いレベルで自分を理解することが、ここではとても大事になるでしょう。それができれば、他人からの批判を恐れることなく、自分の真の感情を素直に表現できるようになるはずです。

幸運への近道

成功をめざす、気づかう、面倒見をよく

注　意

危なっかしい、悲観的、孤立しがち

自由に感情が表に出せれば、日常生活も、生き生きと豊かな彩りを帯びてきます。ただし、手放しでよいことばかりではありません。心の深いところを掘っていけば、ときに怒りや恨みといった、ネガティブな感情に突き当たることも。それを考えると、感情を扱うのは、まるでダイナマイトを扱うように、細心の注意をもってのぞまねばならないとわかります。それには時間がたっぷり必要です。スケジュールを調整して、自分の内面と向き合う時間をぜひつくってください。実際簡単にはいかないかもしれませんが、これをするのとしないのとでは、後で大きな差が生まれます。手始めに、過去の辛《つら》い出来事と向き合い、心の奥深くで長いことくすぶっていた感情を解放してやりましょう。

自分の感情を深く理解すれば、他人の気持ちにも敏感になり、相手の願いや悲しみを適確に察知できるようになります。相手も自分と同じ問題で悩んでいることがわかれば、共感もしやすくなるというもの。現実にまったく同じ経験をしたのでなくても、似たような経験をしているだけで、相手のことがよりよく理解できますし、相手の相談に乗りながら、自分の過去をも見つめることになります。しかし、自分の経験を他人に投影しすぎると、ときに客観性を失い、自分の物差しでしか物を見なくなる危険があります。自分のことも、相手のことも、ほんとうのところが見えなくなり、さらには自分たちの関係そのものもゆがんで見えてしまうことがありますから、注意が必要です。

感覚を研ぎ澄ましていけば、自分についても他人についても理解が深まり、思いやりの心が育つもの。そしてそれは、ビジネスの面でも幸運を呼びます。他人に理解があり、微妙な気持ちをわかってくれるとなれば、同僚やクライアントもあなたを高く買ってくれるからです。誕生日に木星がこの位置にあった人は、生まれながらに他者の気持ちに敏感で、さまざまな場面で成功を引き寄せてきたはずです。誕生日がそ

水瓶座–魚座カスプの有名人

アナイス・ニン、アレン・ギンズバーグ、マリリン・モンロー、ジョディ・フォスター、デミ・ムーア、マシュー・ブロデリック

うでなくても、木星がこのカスプに入ると（およそ十二年に一度、一生のうちに約七回）、だれでもそうなる傾向がありますから、プライベートでも職場でも、それを意識して、大きな成功をつかむべきでしょう。

この期に入ったら、まわりからよく相談されるようになった、という人がいるかもしれません。それは、あなたが親身に人の話をきき、気持ちをわかってくれる人だと思われているからです。木星の幸運は万人に平等に与えられるものですが、すべての人がそれを自分のために生かせるとは限りません。ですから、ここで理解力のある人だと周囲に認められたあなたは、木星の幸運をしっかり心得て、他人に先んじて上手に活用できたわけです。人の話を、辛抱強く何時間でもきいてあげる（相手は友人でも知人でも同僚でも家族でも、だれでもかまいません）と、あなたと相手のあいだに信頼の絆が結ばれます。別にそれを当てこんで、というのではないですが、そうやって結ばれた信頼の絆があれば、将来共同で事業を起こす際にも大きな成功が期待できます。

感覚を研ぎ澄まし、人の感情をキャッチするアンテナをいつも微調整しておくのは大切です。しかしそこにもやはり限度があります。アンテナがキャッチしたさまざまなメッセージをすべて自分が引き受ける必要はないのです。日夜それに翻弄されていると神経がまいってしまいます。雑多なメッセージをふるいにかけて上手に取捨選択することで、いらぬ不安に悩まされることなく、心穏やかに暮らしていきましょう。真剣に人と向き合わねばならない、ここぞという重要なときのために、エネルギーは大事にとっておく。このあたりのさばきかたがうまくなると、将来さまざまな場面で役立つはずです。

この期をラッキーポイントとする人の

幸運の７週間

出生時に木星がこの期にあったなら、あなたのラッキーポイントは木星45期。次にリストアップした７週間は、あなたの幸運期として、毎年変わらず運が味方してくれることでしょう。

２月16日～22日	鋭敏のカスプ	感覚を研ぎ澄ませ
６月19日～24日	魔法のカスプ	魔法をかけろ
10月19日～25日	演劇と批評のカスプ	批評せよ
８月19日～25日	露出のカスプ	上手にかくれんぼうを
５月19日～24日	エネルギーのカスプ	身のまわりを活気づけよ
11月19日～24日	革命のカスプ	ルールを拡張せよ
４月３日～10日	星の期	輝け！

※ どの期においても、幸運の波に乗るには、それぞれの期の特徴をあらかじめ知っておくことが大切です。さらに詳しい解説にあたり、木星のもつ幸運のエネルギーを最大限に活用しましょう。

第46期
瞑想の時間

魂の期
魚座１期

［この期の木星がもたらす幸運］

物理的な世界から一歩踏みだして魂の力に触れ、もっと日常生活のレベルを向上させたいと考えるとき、この期の幸運はあなたに大きく味方してくれるでしょう。

精神世界へ旅することは、自分の本質にたどりつくだけでなく、宇宙の力とつながること。神や特定の宗教に帰依するのも、精神世界を探るさまざまな団体の活動に参加するのもいいですし、ごくプライベートな空間で、たったひとりで自分の内面を見つめるのもいいでしょう。

そういう活動を通して呼びこんだ幸運は、人生のさまざまな場面で実を結びます。一見、精神世界とはまったく関係が

幸運への近道

スピリチュアルなもの、官能的、裏表がない

注　意

感情に溺れる、無責任、災いを招きやすい

ないと思われる、金銭面や、仕事面、人づきあいの場面でも、よい影響が見られるはず。しかし一番わかりやすいのは、自分の心と身体の変化です。たとえば、日常のなかに瞑想や祈りを組みこむだけで、心が安定し、幸福感が増すのがわかるでしょう。毎日の生活のなかでわずか数分、物質世界を離れて精神世界に浸る時間を定期的につくるだけで、生活の質が向上し、健康面も大きく改善されていくはずです。

わたしたちの多くは、いつでも外の世界や自分自身と戦っているような感覚があります。瞑想や祈りは、そんな戦々恐々とした心に、平和をもたらしてくれるのです。

人智《じんち》を超えた巨大な力が、あなたの内と外の世界をバランスよく結びつけ、世界と自分はひとつだという一体感を感じさせてくれる。頭のてっぺんにあるチャクラ（インドの神秘的身体論において、脊椎《せきつい》に沿っていくつかある、生命エネルギーの集積所）から宇宙のエネルギーを吸収し、全身を通した後で、ふたたびそれを解放してやると、心の深いところにわだかまっていた大きなしこりがすっと溶けていくのがわかるでしょう。この世界にかけがえのない存在としての自分を強く意識し、世界に貢献しようという気持ちがあふれてくるはずです。

誕生日に木星がこの期にあった人は、精神世界のもつ力を生かし、さまざまな場面で成功を手にしてきたことでしょう。実際この期に入るとだれもが、魂の力に助けられ、それを重視することで幸運を呼ぶ可能性があります。なかにはここで精神世界に目覚め、それにかかわる活動をずっと実践していくことになる人もいるでしょう。実際この期は、宗教的に重要な経験をしたり、何かの啓示を受けたりすることが多いものです。

もっと現実的な人も、この時期は、心と身体のつながりを強く意識するようになり、日常生活のなかにスピリチュアルな活動を取り入れようと考えるはずです。一日のうち数時間

魚座1期の有名人

ハリー・ベラフォンテ、スティーヴィー・ワンダー、フィル・コリンズ、リチャード・ブランソン、スティーブ・ウォズニアック、シドニー・ポワチエ、ユベール・ド・ジバンシィ

を瞑想や祈りにあてる。ストレスを軽減し、慢性化している身体の不調をなんとかするために、スピリチュアル関連の本を読む。ここではそういった活動のすべてに、生活改善の大きな鍵があります。

神は自分たちとともにあり、万物に神が宿っている。そんなふうに考えると、心のなかに大きな自信がわいてきます。自分を超えた大きな存在に守られているという思いが、わたしたちの背中を押して、成功へと近づけてくれるのです。そのとき、敵意に満ちた世界で孤独な戦いを続ける自分のイメージは消え、愛にあふれる世界で、強い力に守られている自分が見えてくるはず。すると、もっと自分を大切にしようという気持ちが自然と生まれ、強い意志で悪の誘惑をはねつけるようになるのです。

もっと懐疑的な人は、この期の幸運を、なんだか雲をつかむような話だといって、信じないかもしれません。宝くじやギャンブルで迷信に頼るのと同列にしか考えられないのでしょう。しかしながらそういった懐疑は、精神世界にあふれる巨大な力を自分から遮断するだけです。

わたしたちの身近にあって、だれでも自由に活用してよいパワー。それを利用するには、ただ自分でプラグを差しこむだけでいいというのです。なんとすごいことではありませんか。

この期をラッキーポイントとする人の

幸運の７週間

出生時に木星がこの期にあったなら、あなたのラッキーポイントは木星46期。次にリストアップした７週間は、あなたの幸運期として、毎年変わらず運が味方してくれることでしょう。

２月23日～３月２日	魂の期	瞑想の時間
６月25日～７月２日	共感の期	他人に心を寄せよ
10月26日～11月２日	強さの期	レーザー光線を照射せよ
８月26日～９月２日	組織の建設者の期	秩序をつくりだせ
５月25日～６月２日	自由の期	束縛を断て
11月25日～12月２日	独立の期	自分の力で
12月26日～１月２日	支配者の期	支配権を握れ

※ どの期においても、幸運の波に乗るには、それぞれの期の特徴をあらかじめ知っておくことが大切です。さらに詳しい解説にあたり、木星のもつ幸運のエネルギーを最大限に活用しましょう。

第47期
休みをとる

孤独な人の期
魚座２期

[この期の木星がもたらす幸運]

生まれたとき、木星がこの期にあったという人は、人生の道すがら定期的に、問題や障害にぶつかる傾向があり、さまざまな活動から一切手をひいて、自分の世界にひきこもりたくなるときがあるでしょう。健康を維持していくためにも、そういう休息期間はあなたにとって欠かせないものです。そのことを職場の雇用主だけでなく、友人や家族にも、わかってもらう必要があります。

同様に、この期に入って、なんだかずいぶん強いストレスを感じると思ったら、それは休めのサイン。数日間、できるなら数週間、仕事を完全に忘れてオフをとるべきです。ただ

幸運への近道

魂をこめる、親密、優雅さにあふれる

注　意

引っ込み思案、失望しやすい、くよくよする

し休みができたからといって、仕事と同じ勢いで趣味やレジャーにのめりこむのはお勧めしません。ここはとにかく心の緊張をほどいて、ゆっくり休むべきなのです。

どんな形でもいいので、自分の内側に目を向けてみましょう。何もしなくていいというと罪悪感を覚えるかもしれませんが、じつはそのあいだ、意識の下では成長のプロセスが着々と進行しているのです。過剰なストレスや疲労から解放されると、潜在意識が夢のなかで活発に働きだします。あなたのほんとうの願い、行動の動機といったものがそこで明らかになることもあり、人間回復、自分磨きなどと意識しなくても、休んでいるだけで、潜在意識が勝手に働いてヒーリング作用を起こしてくれるのです。

生まれたとき、木星がこの期にあった人は、数週間から数カ月、定期的に時間をとり、現在の生活のしがらみを一切といて、完全にひとりになる時間が必要になるでしょう。周囲からいわば隔絶されるようなものですから、社交的な人や、人といっしょにいるのが好きな人にとっては、必ずしも楽しい時間ではないでしょう。しかしこの先困難に立ち向かっていくためには、どうしても確保しなければならない貴重な時間です。

自分をもっと深いレベルで知り、セルフエスティーム（自分を頼みにする心）を養おうというのですから、実際、これは大仕事です。古い考え方、罪の意識、羞恥心といったものにくるまれていた自分を一度ぜんぶ裸にして、ありのままの自分を受け入れるといった学習が必要になるかもしれません。大変なことではありますが、自分の内側を見つめる勇気を出したあなたには、きっと木星が幸運を呼んでくれることでしょう。

一方この時期は、自分の内面をみつめるあなたも大変ですが、それと同様に、あなたの上司や同僚にも、ある種のプレッシャーがかかります。自分の世界にひきこもるあなたに理

**魚座２期
の有名人**

ビリー・ホリデイ、ピーター・フォンダ、マイケル・ジョーダン、ジャック・マイヨール、トム・クルーズ、トニー・レオン、あだち充、ナンシー関

解を示し、それによって起こる不都合に耐えなければならないからです。あるいは、あなたに影響を受けて、同じように自分の内側を見つめ直そうとする人が出てくるかもしれません。日々苛酷《かこく》なストレスにさらされて爆発寸前になっている職場なら、まさにこの期は、事前に爆発を食い止める防御策を提供してくれているといっていいでしょう。

またこの期は、プライベートでも、自分の本質に触れてくるような深い関係が好まれます。友情でもロマンスでも、広く浅くではなく、ごく限られた人だけに心の深いところを打ち明け、いつもいっしょに過ごすという関係です。誕生日に木星がこの期にあった人はもちろん、そうでなくても、概してここでは、少数との濃密な関係が幸運を呼ぶ可能性があります。木星がこの期にあるときに生まれた人は、もともとごく限られた人数と深くつきあう傾向があるようですが、そうでない人も、この期はつきあいの幅を狭め、少数の限られた人と深く接することで幸運を引き寄せられる可能性があります。

総じてこの期の木星は、人間関係においては、量より質を好む傾向があるといえましょう。これは親戚や家族との関係においてもあてはまります。兄弟のだれかひとり、両親のどちらか一方と、より親密になり、その相手に限ってなんでも心を打ち明け、相談にのってもらうことになるかもしれません。それはそれで得られるものも大きいのですが、あなたの相手に選ばれなかった人は、自分だけがのけものにされているとか、無視されたと感じて、嫉妬心を燃やすかもしれません。

この期をラッキーポイントとする人の

幸運の７週間

出生時に木星がこの期にあったなら、あなたのラッキーポイントは木星47期。次にリストアップした７週間は、あなたの幸運期として、毎年変わらず運が味方してくれることでしょう。

3月3日～10日	孤独な人の期	休みをとる
7月3日～10日	型破りの期	堂々と自分流で！
11月3日～11日	深さの期	内面を深く見つめよ
9月3日～10日	謎の期	ミステリーを解け
6月3日～10日	新しい言語の期	言葉で攻めよ
12月3日～10日	創始者の期	新しい発想を
2月16日～22日	鋭敏のカスプ	感覚を研ぎ澄ませ

※ どの期においても、幸運の波に乗るには、それぞれの期の特徴をあらかじめ知っておくことが大切です。さらに詳しい解説にあたり、木星のもつ幸運のエネルギーを最大限に活用しましょう。

第48期
月をつかめ

ダンサーと夢見る人の期
魚座３期

［この期の木星がもたらす幸運］

「ダンサーと夢見る人の期」に入った木星は、思いっきり陽気になっています。よって、ここで幸運をつかむには、軽やかなアプローチが求められます。ゲームやスポーツ、ギャンブルなど、愉快な活動に運が開けるばかりでなく、人生というゲームにも幸運が訪れやすいときです。動かぬルールはあるものの、生きていくことも一種のゲーム。だから結果をつねに深刻にとらえる必要はないという態度が、幸運を呼ぶようです。

また、人生をダンスの舞台にたとえてみても、この期の性格がよくわかります。舞台には、観客、踊り手、振り付け師

幸運への近道

哲学、手助けをいとわない、奇跡を夢見る

注　意

役に立たない、長続きしない、甘やかす

の三要素が必要です。まず自分がどの役を担うか決め、それがすんだら次は、どんなタイプのダンスにするかを考えます。バレエのように、伝統の技にスポットがあたるエレガントなダンスでしょうか。それともモダン舞踊のように、従来の型にとらわれない情熱的なダンスでしょうか。一方観客になろうと決めたら、この期は踊り手の妙技と舞台の美を心ゆくまで楽しめるでしょう。いや、やはり自分が踊り手となって熱い興奮をじかに味わいたいと思うなら、自ら舞台に立ちましょう。とはいえ、結局一番いいのは、天に振り付けを任せて自分が踊ることかもしれません。前もってこうしようなどと、あらかじめ舞台の流れを考えたりせず、その時々の運や偶然に身を任せ、素直に踊っていくことです。

またここでは、夢の実現にも強いスポットライトがあたります。あなたがこれまで胸に温めてきた夢の数々は、木星がこの魚座３期に入ったときに、いよいよ動きだします。なかにはいきなり現実化するものも出てくるでしょう。約十二年に一度めぐってくるこの期は、だれに対しても、夢の実現に必要なエネルギーを木星が与えてくれるからです。生まれたとき、木星がこの位置にあったという人は、いつでも大きな夢を見て、人生のリスクも恐れない傾向があるのに、自分でも気づいているはずです。

ふだんからカードゲーム、競馬、カジノといったギャンブルが好きな人は、この期になると運命の女神が、つねに自分の肩先にいるのに気づくかもしれません。ここで勝利するためには、この期の木星のリズムをつかみ、その流れにうまく乗ること。定まった必勝法などより、その瞬間、瞬間の運の流れに敏感になることが大切です。

ただしあまり勝負に熱くなってはいけません。勝つために必要な注意は払うものの、主たる目的は楽しむこと。心の緊張を解いて、ゲーム自体を心ゆくまで楽しみ、あとは幸運の女神がチャンスを運んでくるのを待ちましょう。自力でゲー

魚座３期の有名人

ジョージ・オーウェル、ルー・ゲーリッグ、アーサー・ミラー、イングリッド・バーグマン、エディット・ピアフ、オーソン・ウェルズ、フランク・シナトラ、ロジャー・ムーア、フランシス・フォード・コッポラ

ムの形勢を変えようと焦るより、そんなリラックスしたスタンスでいるほうが勝利を呼ぶことが多いのです。

スポーツにおいても同じことがあてはまります。試合に参加する選手の立場であっても、ひいきチームを応援するファンの立場であっても、この期には、勝った、負けた、の結果より、いかに戦ったかに目を向けるべきです。

実際、潔く、誇り高くプレーする側に勝ち点が増えていくのも事実です。審判の判定に不服を唱えたり、負けを素直に認められなかったりすると、ゲーム自体を楽しめませんし、往生際の悪い人間は四面楚歌《しめんそか》に陥ります。

この期は、スポーツのもつ社会性が大きくクローズアップされるときでもあり、個人種目より、チームで力を合わせて戦う種目で、望外の喜びを味わえるでしょう。同様にスポーツ観戦も、ひとりで楽しむより仲間といっしょのほうが、大いに盛り上がるものです。

人生をゲームと思って楽しめ、などというと、なんとなくひねくれた感じがあって、不真面目だと思う人がいるかもしれません。しかし、ドイツの哲学者ニーチェは、成熟というのは、遊んでいる最中の子どもにみられる真剣さを、ふたたびとりもどすことだと定義しています。遊び好きな面と深刻な面の両方をもち合わせているのが、真の大人であり、そのふたつの要素のバランスを日常生活のなかで上手にとっていくことが大切なのでしょう。いくら年をとっても、心の柔軟性を失わず、いつも若々しい気持ちでいたい。常日ごろからそう思っている人は、木星がこの期に入ると、とてもくつろいだ気分になるはずで、その結果、幸運も招きやすくなるのです。

この期をラッキーポイントとする人の

幸運の7週間

出生時に木星がこの期にあったなら、あなたのラッキーポイントは木星48期。次にリストアップした7週間は、あなたの幸運期として、毎年変わらず運が味方してくれることでしょう。

3月11日〜18日	ダンサーと夢見る人の期	月をつかめ
7月11日〜18日	説得者の期	説得力をもて
11月12日〜18日	魅力の期	魅了せよ
9月11日〜18日	ストレートに解釈する人の期	ただ事実のみを
6月11日〜18日	探求者の期	極限まで探求せよ
12月11日〜18日	巨人の期	大きく考える
5月19日〜24日	エネルギーのカスプ	身のまわりを活気づけよ

※ どの期においても、幸運の波に乗るには、それぞれの期の特徴をあらかじめ知っておくことが大切です。さらに詳しい解説にあたり、木星のもつ幸運のエネルギーを最大限に活用しましょう。

Part Ⅱ

土星の影

【土星の48期】

ここからは、土星によってもたらされる不運がテーマです。その期に土星がある時に、特に発生しやすい問題や障害について、1期から48期まで順番に説明しています。待ち受けている不運の中身や性質ばかりでなく、それをどうやって回避するか、適切な対処の仕方が詳しく書いてあります。たとえば、巻末の土星表を見たところ、その日に29という番号がついていたら、それはその日、土星が29期にあったことを示します。よって、その日にもちあがりそうな問題を知りたいなら、このパートの29期の解説を読めばいいわけです。

自分の生まれた日に土星がどこにあったかを知りたい時も、巻末の土星表を見ればわかります。たとえばあなたが1962年の４月３日に生まれたとします。その日を土星表で調べると、42の番号がついているので、あなたは、土星が42期にある時に生まれたことがわかります。このパートの本文42期の項を開き、「頭が働かない」と題された解説を読みましょう。あなたが概して陥りやすい問題について詳しく知ることができます。

また、来週に控えた上司との大切な面接で、土星の影響によってどんな不都合が起きそうか、あらかじめ知っておくことも可能です。たとえばその日が、2010年の11月10日だとします。土星表で見ると、その日は土星が27期に入るとわかります。そこでこのパートの27期の解説を読み、その日にどんな問題が起きそうか、どうやって回避すればいいのか、あらかじめ心の準備をしておくことができます。

第1期
先へ進めない

再生のカスプ
魚座–牡羊座カスプ

［この期の土星が落とす影］

土星がこの期に入ると、古い考えや過去の失敗に縛られて、人生にあまり期待しなくなり、進歩をやめてしまう危険があります。妙に分別臭くなって、「現状維持が一番だ」などといいだし、そのじつ新しいプランに一歩を踏みだす勇気が出ないのです。

責任ある行動と、夢を追いかけることを両立しようとすると、たしかに大きな緊張が生まれます。しかしここはどうしても、自分にはっきり宣言することが必要です。ときには危険も覚悟しなければ、何も手に入れることはできない。そしてまさに今が、リスクを負うべきときなのだ、と。

ここでは過去の失敗などにとらわれず、まったく新しい気持ちでスタートを切ることが大事です。それでも、いろいろ心配な点が浮かんできたらどうしましょうか？　一番いいのは、心配を無理矢理抑えつけず、そうなったらそうなったで、そのときに考えようと、ゆったり構えることです。そのことはまた、将来適切な時期に対処するからだいじょうぶ、今はとにかく何も心配しないで、とりあえず始めてみようじゃないかと、自分を安心させてやるのです。

　この期はまた、自分を中心に物事を考えることに後ろめたさを覚え、人より先に要求を出すことさえ、恥ずかしく思うかもしれません。こういった気持ちの根をさぐっていくと、じつは他人の支援や承認に頼りすぎていて、それが成功に歯止めをかけていることがわかります。サイドブレーキがかかっているのを忘れたまま、車を運転するようなもの。この期はサイドブレーキを使うのはなしにしましょう。どうしても前進を止めなければならないときだけ、フットブレーキをかければいいのです。

第2期
信用できなくなる

子どもの期
牡羊座1期

[この期の土星が落とす影]

土星がこの期に入ると、なぜか疑心暗鬼になって、人に対しても、物事に対しても、かんたんには信用が置けなくなる傾向が出てきます。まるで仮面やよろいでがっちり武装したかのように世間に対して身構え、そうすることで感情も内に閉じこめてしまうのです。多くの場合、自分を表現できないのは、拒否されたらどうしようという不安があるためで、それが世間一般に対して、皮肉で懐疑的な態度をとらせてしまうようです。

こうきくと、ちょっとひるんでしまいそうですが、じつは土星がこの位置にあるとき、情勢はそれほど厳しいものではありません。むしろ物事を現実的な目で厳しく見ることがで

きるので、慢心したり、本来の仕事から目をそらしたりしないという利点もあります。現実を厳しく見る目をもちながら、心はつねにオープンにしておく。それがこの期を賢く切り抜ける秘訣《ひけつ》です。

ガードが堅くてとっつきにくいと、あなたを避ける人や、進んでそばに寄ってこない人は、最初からつきあう価値がなかった相手ともいえます。時間をかけてもっとよくあなたを知りたいという人や、いっしょに過ごすうちに、あなたの本質に触れることができた人こそ、まさにつきあう価値のある人でしょう。

またこの期には、あなたが世間に対して作った固い壁が、愛の力で、少しずつくずれていくこともめずらしいことではありません。そうなると、自分の本質をさぐっていくプロセスは、愛する人との共同作業となり、ともに大きな喜びを分かち合えることでしょう。

第3期
他人を傷つける

星の期
牡羊座２期

［この期の土星が落とす影］

この期に土星が入ると、他人の願いや欲求に鈍感になる危険性があります。自分の要求を真っ先に通したいと思うあまり、人の幸せを無視してしまい、結果、周囲から反対や攻撃を受けるわけです。この期をうまく切り抜けたいなら、身のまわりの人たちにネガティブな印象を与えないよう、意識して協調的な姿勢を維持しましょう。でないと、まるで戦車のように、自分の意見に反対する者や、前進の邪魔をする者をことごとく押しつぶしていく、暴君のレッテルを貼られてしまいます。

陥りやすい危険のひとつは、他人を犠牲にして自分が勝とうとすること。つまり、あなた以外はみな敗者というパター

ンです。ここはひとつ発想を転換して、みんなが勝者になれる方策を見いだすよう、努力してみましょう。そういう相手になら、周囲もこぞって信頼を寄せ、ぜひついていきたいリーダーとしてあなたを見るでしょう。

土星がこの期にあるときは、まぶしすぎる輝きで周囲の目をくらますのではなく、太陽のように、慈愛に満ちた温かい光で、みんなを穏やかに包んでやりましょう。これができないと、せっかくのあなたの光も、エゴイズムと破滅の雲に覆われ、だれにも届かなくなります。あるいはたとえだれかに届いたとしても、完全に無視されてしまうでしょう。

ふだんから他人の願いに敏感になり、ささいなことでも、思いやりをもって行動することが肝心です。努力して人間性を磨いていけば、後にはきっと、よい報いが待っていることでしょう。

第4期
道を踏み外す

開拓者の期
牡羊座3期

[この期の土星が落とす影]

自分の考えを語ってきかせるのはリーダーの大事な仕事。しかし、あまりに現実離れした理想をみんなに押しつけるのは要注意です。自分がよく見えておらず、状況判断が甘いリーダーは、土星がこの期に入ると、いともかんたんに道を踏み外してしまう危険性があります。一度あなたのせいで痛い目にあったら、同僚でも友人でも家族でも、もう容易にあなたに手綱をわたすことはないでしょうから、よくよく注意が必要です。ここは逆に、土星のメッセージを親切な警告だとポジティブに受け取って、理想はさておき、現実的な基盤を堅固に築いていきましょう。実際この期は、安定した基盤がないところにいくら努力を積み重ねていっても、土星のエネルギーで一気に崩されていくか、あるいは徐々に瓦解《がかい》していく運命にあります。

そしてもうひとつ、ここで気をつけなければならないのは、土星のエネルギーにあなたが畏縮《いしゆく》してしまうこと。意志の力が麻痺《まひ》して、新しいことに挑戦しようという勇気をふるい起こせなくなる危険性があります。まだ力不足ではないかと不安になり、極度の優柔不断に陥って、まったく行動が起こせなくなるかもしれません。土星がこの期にあるときに生まれた人は、つねにそういった傾向があり、特に大胆な一歩を踏みださねばならないときに、動けなくなることが多いようです。土星のエネルギーが油断ならないのは、こういう点からもよくわかります。大きなことに立ち向かう場合、几帳面《きちようめん》に注意をめぐらせる一方、自信をもって大胆に動いたときに、もっともよい結果がついてくるものです。いざプロジェクトが動きだしたら、現実と照らし合わせて不都合がないか、折あるごとにチェックしていけば、将来深刻な問題が発生するのを防げるでしょう。

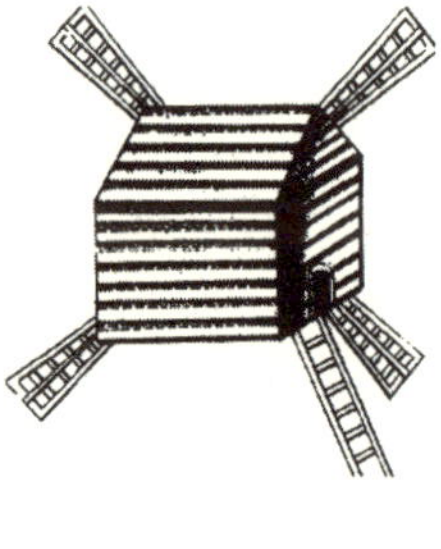

第5期
ブーメラン効果

力のカスプ
牡羊座–牡牛座カスプ

［この期の土星が落とす影］

この期は、ニュートンの作用反作用の法則をつねに念頭に置くといいでしょう――どんな力も、それが働くときはまったく同じ力が反対の方向に生じる。自分をストレートに強く表現すれば、あなたの行動や考えに対しても、同じようにストレートで強い反応が返ってくるわけで、そこにジレンマが生じます。

自分の考えを強く訴えたいと思っても、ブーメランを強い力で投げれば、寸分たがわぬ力でまた自分に返ってくる。何度もそれを繰り返していくと、しまいにはやり返されるのが怖くなり、それならもう何もいうまいとして、投げること自体をやめてしまうかもしれません。この期の土星はこんなふうにして、せっかくのあなたのやる気に水をさしてくる危険性があります。

ではどうしたらいいのでしょう？　土星は手強《てごわ》い相手です。真っ正面から向かっていっても軽くいなされてしまいますから、ここはできるだけ波風を立てないでいきましょう。

たとえば恋人など、親しい人との関係においては、いいたいことがあっても、やんわりとほのめかす程度に抑えること。ほしいものがあったら、そこから無理に目をそらさないまでも、あからさまなアプローチはやめましょう。仕事でも、あなたは裏方に回ったほうが、事が順調に進みます。観察眼をじゅうぶんに働かせ、身のまわりの動静にくまなく注意を払っていれば、将来絶好のチャンスがめぐってきたときに、逃すことなく手にできるはずです。

第6期
努力を無にする

発現の期
牡牛座１期

［この期の土星が落とす影］

土星がこの期にあるときは、自分が自分の最大の敵になる危険性があります。ひとつのやり方しか認めない、そんなあなたの頑固な態度が、成功へと向かう道に、次々と障害をつくってしまいそうです。

反対を押し切って自分の意思を通したところ、孤立してフラストレーションがたまる結果になるのも、明らかに土星の影響です。この期の土星は、自分の殻に閉じこもり、他人に心を開かない人間に、孤独と不幸を運んでくるからです。

実際、厳格さを求める土星の影響で、あなたのアイディアは地にしっかりと足のついた、完成度の高いものになっているはずです。しかしいくらそうであっても、周囲から反発を招いては意味がありません。このジレンマから脱するには、異なるアプローチも採用できる度量の広さをもって、自滅の連鎖を全力で断ち切ることです。自分の感情がコントロールできるようになると、狭い見方に縛られていては、どこへもたどりつけないことがわかるはずです。人生に対しても、他人に対しても、もっと柔軟なアプローチで臨もうと、真剣に考えることでしょう。

発想の転換さえできれば、これまであなたの成功を邪魔していた頑固さが、逆に、目標を追求する不屈の精神となって、プラスに働くはず。ここでは自分をいつも厳しい目で見て、まわりから決して孤立しないようにすることが大切です。自分をうまく操縦できるようになると、将来の成功につながるチャンスが、自然と目に入ってくるようになるでしょう。

第7期
人を非難する

教師の期
牡牛座２期

［この期の土星が落とす影］

タイトルが示す通り、この期の土星はわたしたちに、批判的になり、頑として譲らぬようにと、けしかけてきます。しかしながら他人を批判するときは、自分だけ無傷ではいられません。批判精神というのは、両刃の剣的な性質をもっていて、他人を厳しいモラル基準で批判するときには、自分自身の人格にも、同じ基準をつきつけることになるからです。

たとえば、どんなに子どもが頑張っても、満足しない教師や親。この期はそんな態度を身につけてしまいがちです。自分がこの世で一番正しいとばかりに、かたっぱしから他人を非難して罰したくなるかもしれません。しかし、こういう態度からは何もよいものは生まれません。むしろ自分と対立する意見もきき、この世にはさまざまな見方、考え方があることを知り、もっと受容的な態度を養うべきなのです。

批判的精神も、土星の厳格な側面も、上手にコントロールしてやれば、人生をより現実的な目で見るのに役立ちます。よってこの期は、自分の行動や信条をふりかえるのに絶好の時期といえます。あまりに現実とかけ離れた夢の風船をふくらませていたら、パチンと穴をあけてやるのもいいでしょう。むごいことのようにも思えますが、ここで正しく軌道修正することで、後によい結果が生まれます。なかには心の重荷がなくなって、自由になった気分を味わえる人もいるでしょう。

また家族のなかに、自分の世界にかたくなにひきこもって出てこない者がいたら、ここで辛抱強く、目をかけ、手をかけてやることで、現実世界にひきもどすことができるかもしれません。こういう場面では、やさしさと強さの両方を併せもったアプローチが一番です。

第8期
人を怒らせる

自然の期
牡牛座3期

［この期の土星が落とす影］

土星がこの期にあるときに生まれた人は、人前で自分の考えを出す際に、失敗しやすい傾向があります。ざっくばらんに話したら、なんだかまずいことになってしまった。そんな経験を、これまで何度もしたはずです。そういった失敗体験から学習し、以来人前で自分の考えを話すときには慎重になったという人もいるかもしれません。逆に臆病《おくびょう》になりすぎて、どんな問題でも、最後まで本心を隠すようになったという人もいるかもしれません。さて、現在のあなたはどうでしょうか。

誕生日がそうでなくとも、土星が牡牛《おうし》座3期に入ったときは、だれもがふだん以上に注意して他者とつきあい、人間関係を壊すことのないよう気をつける必要があります。仕事の面では特に注意しないと、あなたのささいな言動がだれかの神経にさわったことで、せっかく間近に迫っていた成功が遠のく場合もあります。とにかく、人の神経を逆なでするような言動は厳禁です。さらにこの期はいつも以上に身だしなみに気を遣い、他人に嫌な印象を与えないようにしましょう。

土星がこの期にあるときに生まれた人はいつでも、またそうでない人もこの期だけは、自分にかかるストレスを注意深く見守る必要があります。いろいろ他人に気を遣い、ほんとうの自分をさらけだせないことで、フラストレーションがたまるからです。

この期を気持ちよく過ごしたいなら、意識して前向きの姿勢でいることです。自分の欠点を把握し、それをなんとかすれば成功の確率は高まる。そう考えれば、この期は自身をステップアップする大きなチャンスになります。仲間内でも、家庭でも、職場でも、周囲とできるだけ協調しようと努力することで、いい結果がついてくるでしょう。

第9期
エネルギーがショートする

エネルギーのカスプ
牡牛座–双子座カスプ

［この期の土星が落とす影］

この期は土星の邪悪な力が、エネルギーの流れをショートさせる危険があります。過剰な電流が一度に流れると停電になるように、あまりに仕事の負荷がかかりすぎると、人間も闇に陥り、物事に対して悲観的になる可能性が出てきます。一度この闇にはまってしまうと、そこから抜け出るのは難しくなりそうですから、はじめからそうならないよう予防するのが賢明です。それには何よりも、あまりに多くのことを抱え込んで、燃え尽きてしまわないことです。

またこの期の土星は、もうひとつ、ずるい方法でも人からエネルギーを奪おうとします。ある一定期間、無意味なこと、失敗するに決まっていることを繰り返しやらせて、すっ

かりエネルギーを枯渇させようというのです。それを避けるには、あっ、これはまずいと、できるだけ早く気づくことです。自分を駄目にしていく連鎖にはまったことに一刻も早く気づき、エネルギーの無駄な消費をストップさせるのです。信頼できる友だちに、いつも客観的に自分を見てもらい、危ないと思ったときに忠告してくれるよう頼んでおくといいでしょう。

しかしいずれにしても、この期にエネルギーの消耗は避けられないとしたら、あなたに残されている選択肢はなんでしょう？　暗い雲が通り過ぎていくのをじっと待つというのもそのひとつ。しかし何もしないで手をこまねいているより、逆にこの期の性質を利用してやる方が賢いといえましょう。これを機に自分をよく見つめて、過去の失敗から学ぶのです。こういうパターンにはまると、たいていはよくないことになるのだというように、自分の行動を正確に分析しておけば、将来似たような問題が起きたときに、上手に解決できます。たとえすみやかに解決できなくても、対処の仕方はわかるはずです。

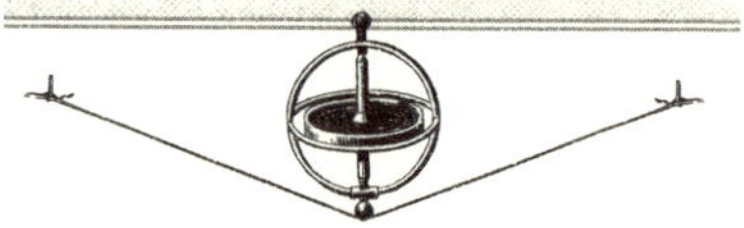

第10期
硬直する

自由の期
双子座１期

[この期の土星が落とす影]

「自由の期」に入った土星は、人の態度を硬化させる傾向があります。本来は自由を好むはずの自分が、かたくなな態度をとり、他人にもおそろしいほどに支配的になっていたら、それは土星の強い影響を受けている証拠です。

本来ここは「自由の期」ですから、あなたによって封じられた自由をとりもどそうと、まわりは必死に戦いを挑んでくるはず。気がつくと、職場でも家庭でも孤立している、ということにならないよう、もっと受容的な態度で、愛情をもって他人に接するよう努力しましょう。ディケンズの『クリスマス・キャロル』に登場するスクルージのように、まわりから強い嫌悪を向けられるようになってはじめて、完ぺきを求め、他者を批判したくなる姿勢を変える必要に気づくかもしれません。

ここではまさに愛に目を向けることが大切です。心の奥底をのぞいてみれば、人から嫌われたい、軽蔑《けいべつ》されたいと思っている人間などひとりもいません。「自由の期」に土星の影が落ちているとき、真の自由を確立するには、みんなが互いに敬意や思いやりを示すことが必要になります。ひとたび人の輪に入ったら、相手を自分の思い通りにしようと思ったり、それができなくて怒ったりしないこと。毎日の生活に遊びの雰囲気をとりいれ、家族や同僚にもそれを広げていくのがいいでしょう。

他人を傷つける皮肉やあてこすりではなく、人の心を和ませる温かいユーモアを発揮するのはそう難しいことではありません。「人を」笑うのではなく、「人と」笑うのが大切であると覚えておけばいいのです。この期に土星の落とす暗い影を吹き払うには、とにかく温かい笑いが一番です。

第11期
言葉が出てこない

新しい言語の期
双子座2期

[この期の土星が落とす影]

この期に入った土星は、あなたの自己表現能力を大きく阻害するようです。特に人前で話すときに、困ったことになる可能性が大。羞恥心《しゅうちしん》や過剰な自意識に縛られるようになり、口からうまく言葉が出てこなくなるかもしれません。吃音《きつおん》や失読症といった障害のせいだけでなく、発音やイントネーションにちょっとした癖があるだけで、しゃべるのが怖くなるかもしれません。

しかしながらここは自分を甘やかさず、一定期間、積極的に対策を講じてみるべきです。言語療法士を訪ねる、信頼できる友人たちに協力を仰いで人前でしゃべる訓練をする。あるいはひとりで、本を読んだり文章を書いたりすることも、話す自信をつけるのに役立ちます。ただしその場合の読書は、しゃべる技術を磨くのが目的であって、しゃべらずにすむよう本の世界に逃避するのではありません。

この期にある土星は沈黙を重視するという利点ももっています。論争の場面でも、沈黙は有効な武器として使うことができますし、軽々しく口を開かない人は、それだけでなんとなく手強い印象を与えるものです。かといって度を過ぎるのは考えもの。本来明るく陽気な人なのに、暗くて活気がないように見られると、不幸な印象を与えて損です。

毎日陰気な態度で人と接していては、成功のチャンスも減ってしまいますから、とにかくやりすぎないことが肝心です。

第12期
家から出られない

探求者の期
双子座３期

[この期の土星が落とす影]

肉体的にも精神的にも、狭い場所に閉じこめられる可能性のあるときです。あちこちからさまざまな問題が発生し、その対応に追われるあまり、外に出て思いきり活躍することができなくなりそうです。

この期になるとイライラがたまり、怒りっぽくなるのは、自分の今の状況を突き破って、もっと外に出たいと思うからです。しかしここはじっと我慢して、家から出られない時間を有効に利用しましょう。ふだんは家でじっとする時間がほとんどないという人なら、むしろこの期は嬉《うれ》しいプレゼント。一見マイナスの状況を自分にとって有利に活用するのがこの期を賢く乗り切るコツです。

静かな時間ができるのですから、ここは自分の内側を深く見つめるチャンス。長いこと悩んできた心の問題や魂の問題を解決する時間にあてましょう。

また、土星がこの期にあるときは体重が増える傾向にあり、スタイルを保つには、毎日ウォーキングにたっぷり時間をかける必要が出てくるかもしれません。徹底的にトレーニングをするという手もありますが、この期は事故が発生しやすいので、あまり極端なことはしないのが賢明です。

また、土星がこの期にあるときに生まれた人は、外から問題がふりかかってきた際、すぐにふさぎこんだり、内にひきこもったりしやすいものです。しかしそのままほうっておくと、どんどん暗い淵《ふち》にひきずりこまれてしまいます。ここはなんとしてもそうならないという、強い意志の力が必要です。

第13期
何もかも色あせて

魔法のカスプ
双子座–蟹座カスプ

[この期の土星が落とす影]

「おれにはこの世のいとなみのいっさいが、わずらわしい、退屈な、むだなこととしか見えぬ」とは、シェイクスピア劇、ハムレットのせりふです。土星がこの期に入ると、これまで輝いていた人生が、急に色あせて見えたり、お気に入りの活動や関係がいつのまにか消えてなくなったり、という可能性があります。自分は世間から歓迎されないのだと思いこんで、ひとりで過ごす時間が増えていく人もいるでしょう。憂鬱《ゆううつ》に沈むのはやめて、逆にこの期の性質を生かし、自分のなかにある危険因子を排除するといいでしょう。危ない冒険心を客観的な目で見直し、災難を未然に防ぐのです。

この期には、恋愛関係にあまり大きな期待を寄せないのが賢明です。期待してみたところで、実際失望を味わうことのほうが多いでしょう。あらかじめそういう心の準備をしておいて、うまくいかなくても、むきになって相手を追いかけないこと。もう少し強くなって、自分の恋愛が今どんな状態にあるのか、現実的な目でとらえることが大事です。新しいロマンスにのぼせたり、現在の関係を激変させたりというのも、この期にはよくありません。むしろここはじっくり構えて、恋愛が自然に開花する時期を待ちましょう。こういった問題になると土星の態度は特に厳しくなりますから、警告が感じられたら、素直にそれに従うのが一番。恋愛関係の危険信号には特に敏感になり、危ないと思ったら、向こうみずに突破しようとせずに、身を引いたほうが賢明です。

第14期
心を閉ざす

共感の期
蟹座1期

［この期の土星が落とす影］

この期は人の立場に立って物事を考えるのが、ひどく難しくなりそうです。自分の問題で頭がいっぱいで、他人の苦境に関心を寄せる余裕もなければ、親身に話をきいてやる時間もエネルギーもないということに。よって、ごく親しい友人や家族からも切り離され、まるっきりひとりになった感覚を覚えるかもしれません。

それでもこの期は、意識して自分と他人の心のあいだに、橋をかけるべく頑張りましょう。難しくとも、そういう前向きの努力が道を切り開くのです。人の苦境に共感できると、自分自身の抱える問題についても解決の糸口が見つかり、意外と早く不安が消えるかもしれません。苦しんでいるのは自分だけじゃないとわかれば、さみしさやみじめな気持ちも和らぐでしょう。とにかくここでは、自分の世界にひきこもってしまおうとせず、すぐ身近にいる大切な人たちと心を通じ合わせるよう努力するべきです。

土星がこの期にあるときに生まれた人が他人に心を閉ざしやすいのは、前世、あるいは遠い過去に、人間関係でひどい失望を味わったことが原因になっているからかもしれません。誕生日がそうでなくとも、この期に土星が入ると、過去にそういう経験をした人は、やはり他人に心を閉ざしてしまう傾向があります。問題解決の鍵は、「許し」と「受容」。自分を傷つけた相手を許し、どんなに辛《つら》かった出来事も受け入れましょう。過去は変えられないのですから、被害者意識はもう捨てて、未来へ向かって進むことです。

第15期
外界と遮断される

型破りの期
蟹座２期

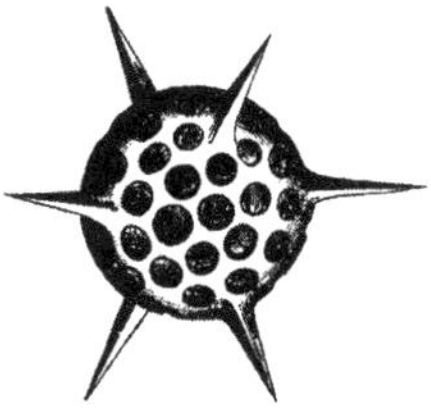

[この期の土星が落とす影]

土星がこの期に入ると、心が幕で覆われたようになり、他者との感情のやりとりが極端に難しくなる傾向があります。まるで外の広い世界から切り離されて、自分ひとりの小さな空間に孤立しているような気分を味わうかもしれません。ここではまずそういう状態を受け入れることが第一です。外の世界から遮断された状況を生かし、自分ひとりでやるべき大事なことを片づけましょう。心や魂にわだかまっている問題を解決するのは特に大事です。それがすんだら、どんなに恥ずかしがり屋でも臆病《おくびょう》でも、次は自分の外の世界に橋をかけるべく、しっかりしたプランを立てましょう。まずは信頼できる友人や家族に。成功したら、そこを足がかりにしてさらに広い世界へ橋をかけていくのです。

自分は何がしたいのか、なぜこんな行動に出るのか、ほんとうのところはなかなかわからないものです。自分の人格の深いところに分け入っていくには、強い精神力が必要です。ただし、そこに潜む悪魔やドラゴンをやっつけなければならないなどと、悲壮な覚悟を決める必要はありません。むしろそういった魔物を理解し、最終的には親しくなることがあなたの仕事です。

また土星がこの期にあるときは、しばしば頭痛に襲われる傾向がありますから、自分を知ろうとするプロセスも、無理のないペースで進めましょう。ここではその道の専門家に力を借りるのもお勧めです。セラピスト、聖職者、スピリチュアル関係の専門家なら、あなたを適切な道に導いてくれるでしょう。

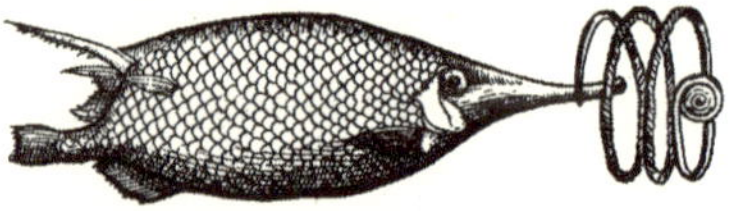

第16期
無理強いする

説得者の期
蟹座３期

［この期の土星が落とす影］

土星がこの期に入ると、職場でも家庭でも仲間内でも、あの人は強引だ、という好ましくない評判を呼びそうです。そうならないために、ときには身を引き、自然の流れに任せることも学びましょう。正しい解決策がはっきりわかっているあなたにとって、これは相当に難しいことかもしれません。しかし人というのは、頭ごなしに「こうしろ」といわれるより、成功の事例を見せてもらったほうが素直に納得するものです。正しい手本を見せてやることで、みんなが自然にあなたについてくるという展開をめざしましょう。長い目で見れば、余計なことはいわず、ひとりで黙々と成果を出していったほうが、周囲の支援は集まりやすいものです。そもそも蟹《かに》座3期にある土星は、あなたの周囲の人間に、あいつがこうしたいと強くいいだしたら反対せよ、というネガティブなメッセージを送ってくる傾向があります。その罠《わな》にはまって、よくない結果を招かないのが賢明です。

恋愛関係についても、土星がこの期にあるときは強引さが仇《あだ》になる可能性が。もう終わりが見えている恋なのに、どうしても手放したくないとしがみつく。しかしいくらそれで恋の寿命が延びようと、あなたも相手もさほど満足は得られないものです。またこの期は、新しい恋の相手が現れても、強引なアプローチはあっさりはねつけられる可能性が。なんだか孤独を余儀なくされる運命かと思うかもしれませんが、そうではありません。ここではもっと感情を抑え、デリカシーに欠ける態度は慎みなさいということです。出会って間もない頃のデートでは特にそれが大事。あまり熱くならず、事の成り行きを冷静に見守ることが、最終的にはよい結果を導きます。

第17期
本心が伝わらない

振動のカスプ
蟹座–獅子座カスプ

[この期の土星が落とす影]

この期に入った土星は、月と太陽のエネルギーのどちらかを遮断したり、両者の力を相容《あいい》れなくしたりする可能性が強くなります。その影響を受け、感情の整理がうまくいかない、考えがうまくまとまらないということも。極端に感情的になったり、逆に妙に理窟《りくつ》っぽくなったりして、本心が相手に伝わりづらくなるかもしれません。

コミュニケーションという、人間関係においてとても重要な側面がもろくなるわけですが、そこへ土星に強い力で攻撃されると、私生活においては特に大きな致命傷を受けるでしょう。ごく親しい間柄の人とさえ心が通じなくなってしまいます。

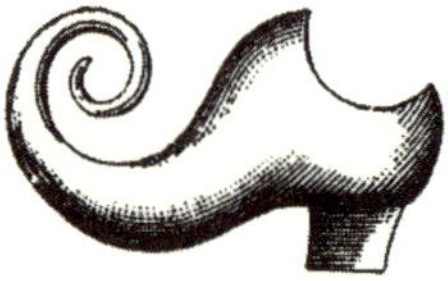

家族には特に、そんなあなたの苦境を理解してもらうべきです。今のあなたには、悩みに耳を傾け、救いの手をさしのべてくれる人がぜひとも必要なのです。どんな恥ずかしい問題でも安心して相談できる相手、他人の気持ちに理解があって、あなたといっしょに問題解決にあたれる人を見つけましょう。ただし相手選びにはくれぐれも注意が必要です。第三者の立場をとれず、あなたといっしょになってぬかるみにはまってしまうような人に相談するのは、かえって危険です。純粋に客観的な立場で見てもらうには、専門家の力が必要になるかもしれません。あなたの抱える問題をさまざまな方向から見られるプロフェッショナルに、適確なアドバイスをもらいましょう。

第18期
独裁者になる

権威の期
獅子座１期

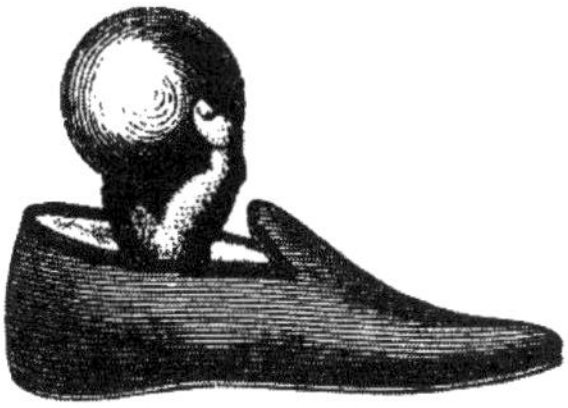

[この期の土星が落とす影]

土星がこの期に入ると人は誰でも支配的な態度が強くなり、何においても自分の考えを一歩も譲らなくなるという傾向が出てきます。特定の問題に向けて、あるいは個人に向けて、批判を強く押しつけるので、周囲の人間から血も涙もない厳しい人間と見られるかもしれません。そういう危険性があることをあらかじめ承知して、この期はできるだけ支配的、高圧的な態度は控え、自分の厳しさをもっと建設的な目的に生かしましょう。それができれば、煙たがられるどころか、頼りになる味方と見られて、自然にまわりに人が集まってきます。

こういった土星の影響に気をつけておかないと、知らず知らずのうちに、周囲の反感を呼ぶのは避けられません。独裁者のようにふるまうあなたに対して、真っ向から戦いを挑んでくる人もでてくるでしょう。それでもあなたのほうは、かたくなに態度を変えず、開き直ってしまう可能性もあり、何か相当痛い目に遭うまでは目が覚めないかもしれません。

　敵でも、味方でも、あなたのせいでみんなが困っていると悟った人間が、勇気を出してあなたの鼻っ柱をへし折ってくれたらチャンスです。そこで自分のしていることに目が覚め、叱ってくれた相手に感謝することができれば、友情が芽生えたり、敵だと思っていた人間が信頼できる味方になったりする可能性もあります。

第19期
堅物になる

バランスのとれた力の期
獅子座２期

［この期の土星が落とす影］

善意ですることが、ことごとく仇となって返ってくる可能性のある期です。公平であり、道徳的であろうとすればするほど、あなたの我慢強さや人の好《よ》さに、まわりがつけこんできます。社会的に目に余る行為をしている相手にモラルがなっていないと注意をしても無駄で、かえってあなたの分が悪くなってきます。野暮なことをいうな、というのが、おそらく周囲の見方でしょう。叱責《しつせき》された側に同情がまわり、あなたのほうには、頭が固いとか、協調性に欠ける、といった非難の目が向けられることになって、とても損です。この際、人を変えようと思ったりしない、他人の問題に首をつっこまない、をモットーにするのが賢明です。

土星がこの期にあるときは、柔軟性がなくなるというのが一番大きな問題です。良識を重んずるというあなたの強みが、逆にだれかの前進を妨げることになり、超保守的人間というレッテルを貼られてしまう危険があります。もし敵がいれば、それを恰好《かっこう》の攻撃材料と見て、あなたをつぶしにかかるかもしれません。それでも自分の立場を死守しようなどと思うと、感情はぼろぼろ、ひどいときには健康を損なうほどに打ちのめされてしまう危険があります。

モラル偏重の態度をもっと和らげて、吹く風にしない、行く川の流れに乗ることを覚えましょう。

第20期
優柔不断になる

リーダーシップの期
獅子座3期

［この期の土星が落とす影］

土星が獅子《しし》座3期に入ったとき、一番怖いのは、自分の意思がすっかり麻痺してしまうこと。あるいはそこまでいかなくても、なかなか心が決まらずに、悩むことが多くなりそうです。もしあなたが今現在リーダーであるなら、たちまち優柔不断に陥り、みんなのために決断することが、まったくできなくなる危険もあります。したがってこの期にはできるだけリーダーの役を担わないのが賢明。また、土星がこの期にあったときに生まれた人なら、生涯にわたって、重い責任ののしかかるリーダー役を引き受ける際には、よくよく慎重になったほうがいいでしょう。たしかにリーダーはさまざまな不安要素に敏感であったほうが、大きな成功を得られるとも考えられます。しかし土星の影響を甘く見てはいけません。たとえリスクを負うことにスリルや魅力を感じたとしても、この期はあくまで慎重であるべきです。

ねらうのは、自分個人の成功か、それとも集団の成功か。ここでは何に取り組むにしても、まずそれをはっきりさせることが大事です。集団の成功をねらうなら、ひとりではなく成員みんなで責任を分かち合うべきで、仲間との相談も不可欠です。実際ここでのあなたは、重役を担うより、その他大勢のひとりとして地道に動いたほうが成功しやすいのです。

それでももし、土星が獅子座３期にあるときにリーダーとなってしまったら、あなたを含め、成員の力関係を完全に平等にするのが望ましいでしょう。また、仲間によく相談すれば、信頼できるフィードバックや励ましを受けて、難しい仕事にも最後まで意欲を失わずに立ち向かっていけるでしょう。

第21期
誤解を受ける

露出のカスプ
獅子座–乙女座カスプ

［この期の土星が落とす影］

隠れていようと思うと見つかって、注目されたいと思うとだれもこっちを見てくれない。綿密に計画を練り、常識的に事を進めたのに、どういうわけだか失敗してしまうのは、タイミングが悪いせいかもしれません。

時計の針が指し示す物理的な時間にとらわれ、あまりに型通りに物事を進めると、この期は失敗しやすくなります。むしろここでは、自分の直感に頼るのが大切。直感が働かないというなら、自身の心の奥深くまで降りていき、自らそれを刺激してみましょう。

時は金なり、決して無駄にするなかれ、というモットーも、ここでは少し曲げてみるか、あるいは完全に手放してし

まうことが必要です。時計が指し示す物理的な時間はクロノスと呼ばれますが、時間にはもうひとつ、時計では計れないカイロスという質的なものがあります。好機をつかむ能力を磨くには、時計にこだわるのはやめて、心の時間軸に目を向けてみることが必要です。

たとえあらかじめ綿密な計画が立ててあっても、状況を見て、変えるべきだと思ったら、思い切って変えてみるのです。せっかく素晴らしいチャンスがやってきているのに、まだ準備が整っていないからと、見て見ぬふりをするなど言語道断。直観でビビッときたら、それに素直に従ってみましょう。それができないと、この期に土星があるときは、周囲からあらぬ誤解を受け、成功もおぼつかなくなるでしょう。また、土星がこの期にあるときに生まれた人は、生涯にわたってこのことを頭に入れておくべきです。

第22期
自縄自縛に陥る

組織の建設者の期
乙女座1期

[この期の土星が落とす影]

土星がこの期に入ると、何もかも自分がしなければならないと思いこんで、身動きがとれなくなる傾向が出てきます。精神的にも肉体的にも、相当な負担がかかり、健康が危ぶまれるところです。あれやこれやとつねに心配し、楽しい時間を過ごすこともままならない。多くの責任をぜんぶ自分が引き受けて、何事も他人に任せることができないということに。まるで世界を背負ってしまった、ギリシア神話のアトラスと同じように、重荷に苦しみながらも動けなくなるのです。逆説めいてきこえますが、ここであなたが必死に頑張るべきは、いかにリラックスするかということ。それができるかどうかを試されているといっていいでしょう。しかし何も

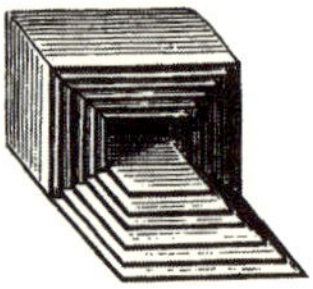

しないでいても、さまざまな心配事や、片づけていない仕事の山が頭をよぎり、悲惨な結末を想像して、なおいっそう不安になるばかり。むしろ何をやってもいいので、そこからできるだけたくさん楽しみを得るようにしましょう。食事、睡眠、セックス、楽しく身体を動かすことなど、感覚的な喜びや満足を味わえる活動をないがしろにしてはいけません。

　また、あまりに感情を抑えすぎるのもよくありません。特にそれが恐怖や心配といったネガティブなものだと、ストレスがかかって、不眠症や拒食症、あるいは過食症になったり、病的にふさぎこんだりと、さまざまな不調につながります。腹立ちを抑えたまま、いつまでもイライラくよくよしていると、しまいには怒りを爆発させるような深刻な抑鬱症に陥ってしまう危険があります。真に責任ある態度とは、自分に任された範囲をしっかり守るということ。出しゃばった挙げ句問題解決に失敗し、自己憐憫《れんびん》に浸るということではありません。自分ひとりが世界を相手に戦っていると思いこむ、あるいは世界が自分ひとりに挑戦を仕掛けてくると思いこんで、周囲から孤立してしまうのは特に危険です。

第23期
感情を押し殺す

謎の期
乙女座２期

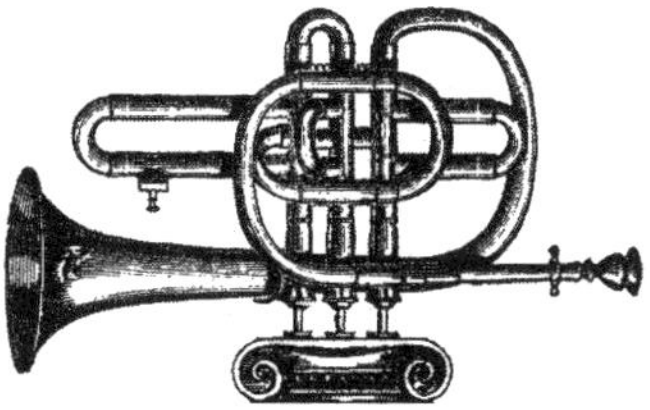

[この期の土星が落とす影]

幼い頃からきかされてきた親の言葉が、大人になって血肉となったものの、ここではそれゆえに、自分が苦しむことになりそうです。今度はあなたが保護者の立場に立って、子ども、友人、同僚に対して、厳しい言葉を浴びせることになるからです。

他人に対して、あれもいけない、これもいけないという態度でいれば、当然自分の感情も抑圧され、ときに被害妄想に近い状態に陥ることもあるでしょう。あらゆる人間が敵であるように見え、感情をますます押し殺し、周囲から完全に孤立してしまう可能性もあります。

もしかして、自分は人と大きくちがっているのではないか、そう思う人もいるかもしれません。人とちがうのはさほど悪いことではありません。変わっていることがプラスに働く場合もあるわけですから、一概に否定的に見てはいけません。

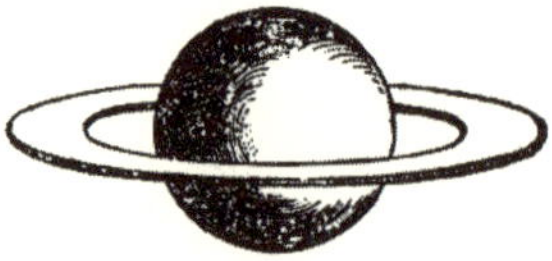

困るのは、人とちがうから、のけものにされるのだと思いこんでしまうこと。個性的な外見、人と異なる考え方をマイナスと見て、劣等感に苦しみ、自分を責めるようではいけません。

昔から自分を否定する傾向がある人なら、今こそ、過去に受けた批判や古い考え方から自分を解放してやることが必要です。でないと職場でも家庭でも一歩も前へ進めなくなり、魂の成長も望めません。どんなに忙しかろうと、今は何より、自分を正しく見つめ、自信をもてるようになることが最優先です。早く手をつければつけるほどいいのは、この問題が改善されれば、あなたの生活のさまざまな側面が驚くほど改善されるからです。

第24期
人を責める

ストレートに解釈する人の期
乙女座３期

［この期の土星が落とす影］

土星が乙女座３期に入ると、まるで判事や陪審員のような態度をとってしまう人が増えるようです。しかもその態度がとことん度を越す危険性も。もしもこの時期、自分にそういう態度が見られたら、注意が必要です。いつも自分が一番正しいと思いこみ、みんなを容赦なく批判すれば、当然まわりは身構えます。人のいうことをなんでも額面通りに受け取ってしまえば、相手が少しでも前言とちがうことをすると、やっきになって責め立てることにもなりかねません。

人の言葉を理詰めでしか解釈できないのは問題です。なんでも規則通り、ガチガチに考えてしまうと、人間としてほんとうに大切なことをあっさり見落としてしまうかもしれませ

ん。他人に思いやりの心で接し、もう少し受容的になるよう、自分をつねに戒めておきましょう。人それぞれに生きる道があります。真実を見つけるにしても、その人なりの方法があり、時に失敗することもあるのです。この期に土星があるときに生まれた人は、自分が何もかもわかっているという態度をとったために、過去に手痛い失敗を被ったことが何度かあるはずです。他人のあらさがしがどうしてもやめられない、そんなあなたは、ぜひとも謙虚さを身につけるべきです。人間は生まれながらに、その人らしく生きていく権利を有していることに気づきましょう。あなた自身、ありのままの自分をもう少し尊重し、愛せるようになると、他人への厳しさも和らぐことでしょう。

人を批判する言葉が口から出かかったら、自分はいったいどうなのかと、まず胸に手をあてて考えてみること。他人を裁こうとするのが、どれだけ不遜《ふそん》であるかがわかり、だんだんに自制心が働いてくるはずです。そのうち批判めいた言葉を吐くのを自然に慎み、他人の欠点に執拗《しつよう》に目が向くこともなくなるはずです。

第25期
コンプレックスを抱く

美のカスプ
乙女座−天秤座カスプ

［この期の土星が落とす影］

この期に入った土星は、とにかく魅力的であれと、わたしたちに強く迫ってきます。土星がこの期にあるときに生まれた人は、おそらく生涯、自分の外見に満足できないかもしれません。そうでない人もこの期になるとたいていは、美しくならねばと焦りだすでしょう。幸いにも現代は、化粧品も驚くほど進歩し、優れたダイエット法も開発されていますから、少なくとも努力はしていると、自分を納得させることはできますし、実際たしかな効果を挙げている人もいるでしょう。

自分にコンプレックスを抱くのは、多くの場合、不当な比較のせいです。いつも自分より美しいだれかを比較対象にしていては、がっかりするのは当たり前。人にはそれぞれ、他人に自慢できる利点があるもので、外見というのはそのごく一部でしかありません。なのに、そこだけをいつも比較のポイントにしていては、他人へのジェラシーと自分への不満がたまるばかりです。ここで特に強く土星の影響を受けてしまうと、人に拒絶されるのが怖くなり、自分の意志を曲げてでも他人に気に入られようとする傾向が出てきます。自尊心がなくなり、ひどいときには、他人の承認がないと生きていけない状態に陥ることもあります。

またここでは、人生のさまざまな楽しみが素直に味わえなくなる危険性も。何を見ても聴いても心が動かない、味も香りもわからない。本来快楽を与えてくれるものが、自分の心にぜんぜん響いてこないとなると、何をしても楽しめず、あとには味気ない人生が待っているばかりです。心配なこと、うまくいかないことばかりに目を向けず、ここは意識して、もっと人生の素晴らしい側面に目を向けるようにしましょう。たとえば愛の素晴らしさに目覚めれば、あなたの人生観はがらりと変わるはず。そうでなくとも、自然、芸術、子ども、友情といったものに心の扉を開いてみるだけで、世界がこれまでとはちがって見えてくるはずです。

第26期
偏執狂になる

完全主義者の期
天秤座1期

[この期の土星が落とす影]

この期は、なんでもとことんやらねば気がすまないという、完ぺき主義が災いして、人の言葉にもまったく耳を貸さなくなる恐れがあります。自分が今やっていることに夢中になるあまり、外で何が起きているかわからず、他人の気持ちには特に鈍感になりそうです。極端な場合は、他へ意識がまったく移せなくなることも。なんでも中毒的に夢中になると、もっと、もっとと、ひたすらエスカレートしていくものですから、肉体的にも神経的にもどんどん消耗していきます。この危険な連鎖を断ち切るためには、強い意志の力が必要です。あなたのことを真剣に心配してくれる人との結びつきを強くし、もっと人間らしい気配りができるようになりま

しょう。

ひとつのことに夢中になる性向は、仕事面では歓迎され、職場でも一目置かれる要素のひとつといえます。しかしときには、そこが同僚やクライアントを遠ざける原因にもなりますから、注意が必要です。また、大きなプレッシャーをつねに受けている状態は、決して健康にいいものではありません。就寝時には、明日に必要なエネルギーを充電すべく、何もかも忘れてぐっすり眠ることが大切です。寝ているときまで仕事のことで頭がいっぱいとなると、体調を崩し、神経症になってしまうかもしれません。

「こわれていないなら、いじるな」という教訓はすでにご存じでしょう。なんでもかんでも気になって、ああだ、こうだと手を出すと、事態はかえってよくない方向に転がっていくもの。周囲からも反感を買ってしまいます。ほんとうにあなたの注意が必要とされる場面以外は、事態を静観し、余計なことに首をつっこまないのが賢明です。

第27期
拒絶される恐怖

社会性の期
天秤座２期

［この期の土星が落とす影］

土星はこの期、人を世界の片隅に追いやり、絶望や孤独をもたらす傾向があります。なかには、もはや世間に失望し、そこに自分の居場所はないとあきらめてしまう人もいるでしょう。あるいはそこまでいかなくても、人前に出ていくことが極端に嫌になることは多いもの。そう思う根底には、自分に自信がないことに加えてもうひとつ、人から拒絶される恐怖があります。たしかに他人と一切かかわらなければ、拒絶されることもありません。しかしここは自分の抱えている問題を正面から見据えることが必要です。それがはっきり見えてくれば、この状況を打破する第一歩となります。

まず新しい友人をひとりつくる、あるいは家族のだれかと、改めて深くかかわることから始めましょう。それを足がかりに、将来より多くの人にかかわっていくことが可能です。天秤《てんびん》座２期に土星があるときは、人から励まされ、場数をたくさん踏むことで、ひとづきあいのコツがつかめてくるものです。何かちょっとしたことで他人からほめられる。はじめのうちは、自分にそんな価値はない、相手はお世辞をいっているだけだ、と思うかもしれませんが、そこをスタートに状況がいい方向へ変わっていくのはまちがいありません。

ごくなんでもない仲間内の集まり、趣味の同好会など、身構える必要のない集団に入っていけば、安心して人と触れあうことができ、ひとづきあいの勘どころを学べます。べつにパスしなければならないテストや厳しい条件があるわけでもないので、非難されたり、拒絶されたりという不安を感じないですみます。大げさなことはせず、ゆっくり慎重に人との関係を結んでいけば、少しずつ自信が出てくるものです。

第28期
未発達な自我

劇場の期
天秤座３期

［この期の土星が落とす影］

自我をしっかり確立できていないために、最善の道が見えていても、そこへまっすぐ向かっていけない。この期にはそんな傾向がしばしば出てくるようです。いつでもいい人を演じ、他人に尽くしてばかりいる。それでは自分の成長する暇がありません。人のことをまず先に考え、手を貸してやるという性質は、美点といえますが、自分のことをいつも後回しにしていると、とんだツケが回ってくるものです。家庭でも職場でも、本心をさらけ出せず、自分に必要なことがいつまでたっても実現できないとなれば、フラストレーションがたまるのは当たり前です。

また、土星が天秤座３期にあるときは、リーダー役が回ってきても、乗り気はしないもの。人々から注目されるのをできるだけ避けたくなる時期だからです。それでもここは、自分の成長のために必要な試練だと考え、思いきって引き受けるべきです。あなたには素晴らしい面がたくさんあることを忘れてはいけません。これまでうまくいったことをひとつひとつ書き出していき、できれば履歴書の形にまとめてみましょう。過去に達成したことが華々しく並んでいるのを見れば、自分もなかなかやるじゃないかと思えてくるはずです。ここは自信をもって前に出ていきましょう。それが無理なら、ごく親しい人に背中を押してもらうのもひとつの手。この期は人の力を借りることで、大事な仕事や活動を大きく前進させることができるものです。

　恋愛や友情については、自分に自信がもてないために、なかなか積極的な行動に出られないようですが、少しずつで構わないので、あなたのことを真から思ってくれる人たちに心を開いていきましょう。そして、そういう人たちが自分に向ける純粋な関心を、正当で、まやかしのない物と信じて、素直に受け入れることが大切です。

第29期
ネガティブな意見をいう

演劇と批評のカスプ
天秤座–蠍座カスプ

［この期の土星が落とす影］

土星がこの期に入ると、多くの人に、物事のあらさがしに夢中になる傾向が出てきます。ひたすらネガティブな意見を吐いて、ときに他人をひどく傷つけることも。その傾向に流されてしまうと、世の中を悪意でしか見ない、辛辣《しんらつ》な人間になってしまいます。批判をするにも節度をわきまえることが大事。なんでもかんでも物事を否定的にみると、人生の用意した素晴らしい贈り物をみすみす逃すことにもなりかねません。

そもそも批判というのは、手段であって目的ではありません。何かを改善するために、よくない点を指摘するのであって、あらさがし自体が面白くなっては本末転倒。ここはひとつ、なんでも批判したくなる自分の気持ちに光をあてて、その根に何があるのか、調べてみる必要があります。もしかしたら周囲に辛辣な言葉を吐くことで、自分が一段上に上がったような気分になってはいませんか。そうやって、心の深いところにある、不安や自信のなさを隠しているのかもしれません。

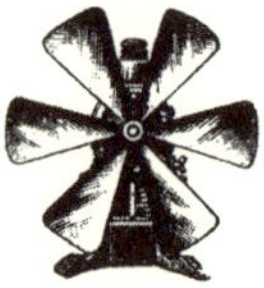

この期の土星は、往々にして人生から多くの喜びを奪ってしまいます。本来楽しいはずのこと、うれしいはずのことが、土星の落とす影のせいで、輝きを失ってしまうのです。ただしあなたの批判精神も、ネガティブに傾かないよう手綱をしっかりとれれば、物事にプラスに働きます。現実をシビアに見る目が、荒唐無《む》稽《けい》な計画から仲間を救いだすかもしれません。せっかくの優れた洞察力ですから、それを生かすためにも、意見するときは他人の気持ちに配慮し、思いやりを忘れないようにしましょう。

第30期
容赦しない

強さの期
蠍座1期

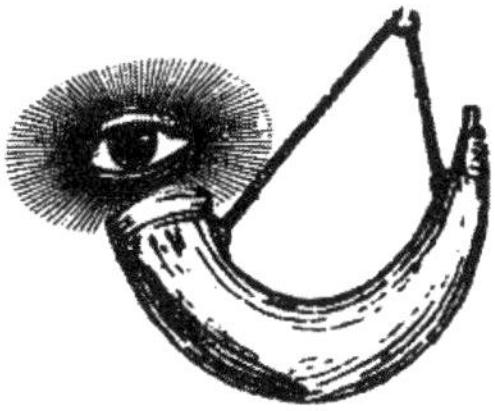

[この期の土星が落とす影]

この期に一番怖いのは、物事の限度がわからなくなることです。人をからかう、面白いことをいって笑わせる、だれかを厳しくとがめる。どんな場面でも、ついついやりすぎてしまう傾向が出てくるでしょう。その結果、ひどく傷つけられた人は、あなたをサディストとなじるかもしれません。相手の失敗や弱点をあげつらうことには、時に妙な快感があるもので、特にこれまでの形勢を逆転して、念願の勝者となった場合にはなおさらです。土星が蠍《さそり》座1期にあるときは、他人への報復に大きな喜びを感じる傾向がたしかにあるものです。問題なのは、自分のやっていることが絶対に正しいと思いこみ、他人の心にどれだけ大きなダメージを与えているかがわからないことです。

土星がこの期にあるときは、復讐《ふくしゅう》の天使があなたの側についていることが多いもの。そのため、まるで神さえも自分に味方しているような錯覚を起こしてしまいがちです。他人をここで罰するのは正義であり、自分の任務であると思いこんでしまうのです。そんなあなたに対抗するには、相当に心の強い人でなければ無理でしょう。まちがった習慣に陥っているあなたの目を覚まさせ、心あれば、さらにそれをきっぱりやめさせようと働く。そんな人が必要です。いけないと口でいわれてもだめで、現実に手痛い罰を受けなければ目が覚めないかもしれません。治療の時間と程度は、あなたが抱える症状の深刻さ次第です。困難を楽に切り抜けられる人なら、それだけ早く目が覚めるでしょう。このプロセスは、あなただけでなく、周囲も辛い思いをします。しかしあきらめずに頑張っていけば、土星の落とす長く暗い影から、必ず抜けだせるはずです。

第31期
闇の力に抑えつけられる

深さの期
蠍座２期

[この期の土星が落とす影]

土星が蠍座２期に入ったとき、一番恐れなければならないのは、暗い闇の底に閉じこめられること。この期には自滅的な傾向があちこちでみられ、だれもが闇の力にからめとられる危険に満ちています。暗い部屋に長時間いるときは、しょっちゅうカーテンを開けて、外の光を取り入れなければいけないように、ここで社会とのつながりを絶ってしまうのは危険です。特に、あなたの生活に喜びをもたらしてくれる友人、家族、恋人とはしっかりつながっていないと、この期の土星の力に対抗できないでしょう。

しかし、ここでも不利な状況を有利に生かすことは可能です。闇に包まれているときは、自分の内側を深く見つめるチャンス。今自分は、人生のどのあたりにいるのかを見定めましょう。特に過去の失敗についてはしっかり目を開き、どうすれば将来同じことを繰り返さないですむか、考えておきましょう。社会とつながらないですむからと、長い眠りに逃げるのはよくありません。さらに睡眠薬やアルコールも精神に悪影響を及ぼすので、この期はできるだけ控えるか、きっぱりと止めましょう。

さらにここには、もうひとつの落とし穴が。くよくよ思い案じているあいだに、行動を起こす絶好のタイミングを逃してしまうことです。実際ここでは、病的なほどに物事を先延ばしにする傾向が出て、なんにも手がつけられないで終わってしまう危険性があります。そうならないためには、つねに気力を充実させておくことが大切。気持ちを明るくもち、折に触れて楽しむことを学びましょう。他人を傷つけない限り、笑いは最高の治療薬といえます。自分の人生も、人間の歴史がみせる壮大な喜劇の一ページと見ることができれば、思い詰めていた悩みもありふれたことで、たいしたことはないと思えるはずです。

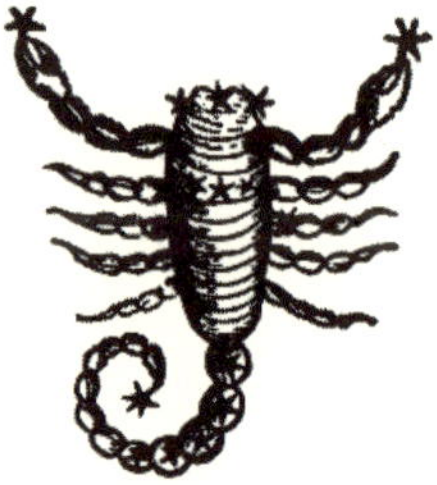

第32期
人生が灰色に

魅力の期
蠍座３期

［この期の土星が落とす影］

この期に入った土星は、人の魅力に影を落とす傾向があります。人生が灰色に見え、何もかもつまらない、だれに振り向かれることもなく、ましてや恋愛のチャンスなど、どこにも見つからない。そんなふうに落ちこんでしまうかもしれません。しかしながら、これを自分に与えられた一種の試練だと考えることもできます。なぜ自分だけ、人の目を引きつけることができないのか？　それをじっくり考えてみましょう。これまで目を向けたことのない部分に、じつはあなたにしかない魅力、美しさが隠れているかもしれません。それを引き出してやれば、人々の注目がきっと集まるはず。それまで欠点だと思っていたことも、今は逆に、利点に変えられるときです。

古い皮を脱ぎ捨てて、もっと刺激的な自分を見いだしましょう。目に見える変化を遂げるためには、自分自身に飽くなき興味をもち、隠れた面を掘り起こすことが必要です。しばらくすると、急に変わり始めたあなたに気づき、いったい何があったのだろうと好奇心をあらわにする人も出てくるでしょう。シンデレラのように美しく花開いて、周囲の注目を一挙に集める可能性もあります。

この期に土星があるときに生まれた人は、ほんとうはその価値がありながら、ここ何年も注目されずに生きてきたかもしれません。それを他人のせいや時流のせいにせず、自分でなんとかしようと、今こそアクションを起こすべきです。この際それを理由に、気前よく自分に投資したらどうでしょう。髪の手入れにお金をかけ、香水やオーデコロン、エッセンシャルオイル、バスグッズなどに贅沢《ぜいたく》をしてみるのもお勧めです。化粧品売り場の美容部員やスタイリストの力を借りても、個性の際だつ美しい変身ができそうです。

第33期
右にシフトする

革命のカスプ
蠍座–射手座カスプ

［この期の土星が落とす影］

革命の志士が、既存の政府を倒したとたん、自ら権勢をふるい、保守的な独裁者になりはてる。そんな事例は、歴史上枚挙にいとまがありません。土星が「革命のカスプ」にあるときは、多かれ少なかれ、これと似たような状況をもたらします。物事を一気に変えようと焦ったがために、風船がふくらむ前に破裂してしまい、目の前で計画が崩壊していく。あるいは、改革がうまくいかなかったので、ふたたび旧に復したところ、今度はそう簡単には倒すことも、変えることもできなくなってしまった。そんな現象があちこちで見られるでしょう。

土星がこの期にあるときはだれでも、専横に傾く自らの性

質に目を光らせておく必要があります。自由を求めて動きだしたというのに、現状を壊したとたん、かたくなな一枚岩と化してしまう。そんな恐れのある計画なら、安易に乗らない、支持しないことです。その点に気をつけ、もっと理にかなった形で現状を変えようとするなら、この期の土星の影響をプラスに変えることも可能です。土星の破壊的なまでに強い力は、厳しい仕事を達成するエネルギーになりますし、強い統制力は目下の仕事を順調に進めるのに役立ちます。

さらにここでは仲間と腹の底から笑いあえるようになることも必要です。ただし人を笑いの種にすると特定の個人や組織から恨みを買い、ひいては自分の自尊心まで失われる恐れがあります。ユーモアは、節度をわきまえる限り、場の雰囲気を和らげ、親密なムードをもたらすものですが、一歩まちがうと、意地悪いあてこすりやひやかしになる危険があるので、注意が必要です。

第34期
自由を束縛される

独立の期
射手座1期

［この期の土星が落とす影］

この本のあちこちで触れているので、すでにもうおわかりかと思いますが、土星の力は木星のそれと正反対に働きます。木星が自由を引き寄せ、明るさと楽観的な傾向をもたらすのに対して、土星は抑制に働き、暗鬱と悲観的な傾向をもたらします。概して木星は幸運を、土星は不運をもたらすというのも、うなずけることでしょう。ここで木星の居場所である射手座にやってきた土星は、当然歓迎されざる客であり、両者の対立からさまざまな問題が生じることが予想されます。土星がこの期にあるときに生まれた人は、生涯、この相反する力に翻弄《ほんろう》されることになるかもしれません。自由になりたいのに、どうしてもなれない、なるのが難しい。そんなジレンマによく陥るはずです。生まれたときがそうでなくても、土星がこの期に入ると、わたしたちの多くが、同じ思いを経験するでしょう。

ここでは何かを振り捨てなければ、自由になれません。しかも土星は、その代償をわたしたちに厳しく取り立ててきます。よって、いざ自由になれたとしても、身近な人、大切な人を見捨てたような気がして、罪悪感に悩む可能性が。特に相手が老人、子ども、ペットといった弱い立場にあるものならなおさらです。さらに、あなたにないがしろにされたといって、配偶者や友人からあからさまな非難を受けるかもしれません。そういった土星の及ぼす影響があまりに強いので、とりあえず自分は我慢しようとなると、これもまたあなた自身にフラストレーションがたまる一方に。

解決の鍵は、自由と責任のバランスを上手にとること。しかるべき責任を果たした上で、自分のやりたいことをやる。これなら土星の要求を満たしつつ、自分の興味関心を追究できるので、結果的に木星の要求も満たすことができます。一口にそうはいっても事は簡単ではありませんが、我慢強く両者のバランスをとっていくことで、必ずいい結果が生まれるでしょう。

第35期
個性を発揮できない

創始者の期
射手座２期

［この期の土星が落とす影］

個性的でありたいと思っているのに、そうすると、両親、仲間、同僚に、白い目で見られることの多いときです。自分らしくあろうといくらもがいても、行く先々で反発を受ける可能性が。周囲と歩調を合わせて、もっと当たり前に行けば、問題も防げるでしょうが、ここではどうしてもそうはしたくないという気持ちが強くなるもの。解決の鍵は、独自の道をひたすら歩みつつも、できるだけ周囲との軋轢《あつれき》を生まないよう注意することです。なぜ自分がこうありたいのか、そうしたいのか、まわりの人にわかってもらうために、たっぷり時間をかけましょう。それでもまわりに合わせろと迫られたら、穏やかな態度でノーといえばいいのです。こういう穏便な姿勢を維持できれば、やがてまわりも批判を撤回し、あなたを理解するようになるでしょう。一見突飛と思われるやり方も、適切な光を当ててじっくり見せてやると、そのよさが周囲にも伝わるもの。たしかに従来とはちがったやり方だけれども、この方式でいくことがグループ全員の利につながるのだとわからせてやることが、結果的に支持者を多く集めることになります。

土星はちょうど厳しい父親のように、木星があまりに楽観的に物事を考えるのを嫌いますから、木星の居場所である射手座に入ると、明らかに居心地の悪さを感じます。それでも両者の異なる力を上手にまとめて、現実生活に役立たせることは可能です。土星は木星に、もっと責任をもてと叱り、木星は土星に、もう少し明るく考えたらどうだと、互いに欠けている部分を指摘し合えば、悪いことにはなりません。「創始者の期」に土星があるときに生まれた人は、人生の途上でこの両者の、押したり引いたりという力を何度も感じ、それに対処してきたはずです。あなた自身のなかにも、土星と木星の相反する性質が眠っているわけですから、この力を上手に融和させることが、人生を賢く生きる鍵となります。

第36期
誇大妄想

巨人の期
射手座３期

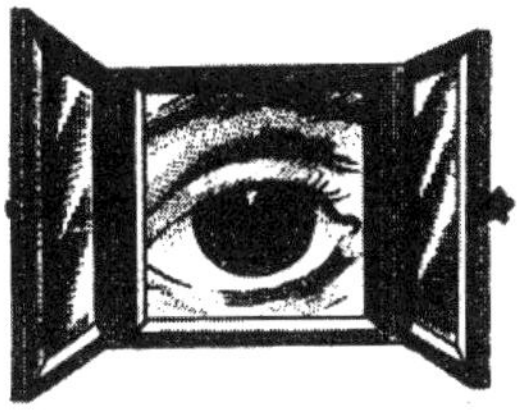

［この期の土星が落とす影］

ここでは、途方もない計画のとりこになって、とにかくそれを実行に移したいという思いで頭がいっぱいになり、周囲の気持ちにまったくおかまいなしになりそうです。小さなことに目がいかなくなり、生活の実際面に無頓着《むとんじやく》になる。突拍子もない夢を追いかけるあまり、現実からどんどん遊離する。適切なコミュニケーションがとれないために、まわりはそんなあなたを、まったくつかみどころのない人間と見るでしょう。よって、ここであなたが何か提案しても、強硬に反対されるか、完全に無視されておしまいです。すごいアイディアを思いついて興奮して話しているというのに、相手はただ機械的にうなずいている、あるいは、フンフンなるほどと軽く受け流されたりする。こうなってはじめて、自分が周囲から完全に浮きあがっていることに気づくのです。

ここは木星が思いっきり大胆になる期ですが、土星はそれに対して強硬に反対してきます。したがってこちらも土星の反発をあらかじめ予期して、あまりに大きすぎる計画を少し縮小することを考えましょう。いきなりコンパクトにする必要はありませんが、まったく実現不可能と思われる部分は、追い追い切り捨てる必要が出てくるでしょう。大事なのは、もう少し分別をもって計画を見直すこと。現実が見えてくれば、最初の理想を大きく曲げなくとも、周囲の信頼を得ながら計画を成功に導くことができるはずです。

さらに土星はこの期、じつに狡猾《こうかつ》な方法で木星の足をすくってきます。要するに、自信をなくさせるのです。せっかく素晴らしい計画を立てたというのに、いざ実行しようと思ったら、身体がすくんで一歩も前に踏み出せない。そうなると自分のふがいなさにフラストレーションがたまるばかりです。ここはもっと自分の能力を客観的にとらえることが必要です。明らかに実現不可能なプロジェクトは最初から引き受けないようにして、力の無駄遣いを防ぎましょう。

第37期
悲観的になる

予言のカスプ
射手座–山羊座カスプ

[この期の土星が落とす影]

この期には、新しいアイディアを思いつく、あるいはこれまでやったことのない大きな仕事をやってみようと思うと、心のどこかからストップをかける声がきこえてきます。まだおまえには無理だ、夢みたいなことをいうな、もっとよく考えてからにしなさい、などなど。もしかしたら幼い頃に、両親からよくそういわれたのかもしれません。この声をきくと、あなたは急に熱が冷め、すっかりやる気がしぼんでしまいます。また、土星がこの期にあるときに生まれた人なら、これまでずっと、同じ声につきまとわれてきたかもしれません。

こうして自分の内側に深く刻まれてしまった考え方は、生きていく上でもっとプラスになるような形に、変えてやることが必要です。心の奥に潜むやっかいな感情は、得体の知れない生き物と同じですが、真っ向から斬り捨てるというやり方はよくありません。まずそれがある場所まで降りていき、相手のことをよく知る。それから心を通じ合わせ、最終的には相手の無尽蔵のパワーを自分の身を助けるのに生かせばいいのです。この期の土星は、わたしたちが無茶なことをしないように鋭い観察の目を光らせてくれます。それと同時に、困ったとき、あなたが相談できる賢人を送りだしてもくれます。現実をしっかり見つめることで、より大きな成功を手にできるという事実を、わたしたちは土星から学ぶべきです。悲観を悪いものととらえず、現実から目をそらさないための防御装置だと思いましょう。

　このあたりから木星の力が序々に弱まっていきますが、それでも暗い方向に傾く土星の力に対抗して、バランスをとるだけの力は残っています。あなたはここで情熱の火を消さないことが大切。マイナス思考にはプラス思考で対抗する。気持ちが滅入《めい》ったら楽しいことを考える。上手に気持ちのバランスをとっていきましょう。

第38期
善意の暴君

支配者の期
山羊座1期

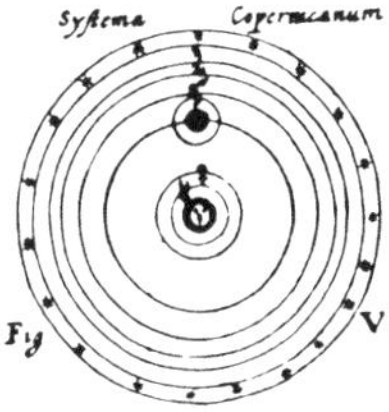

［この期の土星が落とす影］

人々のためになることをしようという熱意。それが見えるからこそ、まわりはあなたのいうことをきいているのです。それでもあまりにしめつけが強すぎると、さすがに反発したくなりますし、ときには実際に反抗しようと考える人間が出てきてもおかしくありません。そこで、とりあえずその場を鎮めようと考えて、できない約束をしてしまう。それも決してうまくはいきません。悪くすると自分の名前に傷をつけ、下の者たちからいっせいに不満の声があがるでしょう。

この期は土星が自分の居場所である山羊《やぎ》座（支配星は土星）に入ったことで、世間にはかなり強い支配の風が吹いており、だれもが窮屈な感じを覚えているはず。ここでさらにあなたが厳しい態度をとれば、問題が起こるのは避けられません。

そんなふうにこの時期はどうしても支配風を吹かしたくなるものですが、それでも、家族や同僚と人間的に深い絆《きずな》を結ぶことは可能です。大切なのは、みんなの信頼を得ること。あなたこそ物事を変える力があると信じてもらうことです。みんなの願いを叶《かな》えてやりながら、ひっぱっていけば、互いのあいだにもちつもたれつの関係が生まれます。それを支えにして、どうしても専制に傾きやすい土星の力と戦いましょう。いつも真面目なあなたは、周囲から尊敬を受けているでしょうが、そこにユーモアのセンスが加われば、印象度はさらにアップ。まわりから抵抗を受けることなく物事をスムーズに進めることができるでしょう。いつも緊張でガチガチになっていないで、ときにはリラックスして楽しいひとときを過ごすことも大事です。

第39期
退屈で飽きてくる

決意の期
山羊座２期

[この期の土星が落とす影]

気がつくと、何に対しても不満だらけ。新しい展開がまったく見られず、完全なマンネリ状態に陥った気分です。やる気を出して腰を上げるたびに、いつも思わしくない結果を招いてしまう、そんなことが多くなるはずです。この期に土星があるときは、そういう状況にイライラしないで素直に受け入れるだけで、問題の一部は解決します。

外に出ていく気力がわかないなら、家にいて何か建設的なことをする。気持ちが沈んで外に向かないなら、心の内を探り、もっとよく自分を知る時間にする。動きづらい状況なら、今は将来の計画を練る。何よりも大事なのは、自分はもうだめだと思ってしまわないことです。

誕生日に土星がこの位置にあった人は、きちんとした秩序ある生活をしていることが多いもの。着実に仕事をこなすことを信条とし、自分の責任もよく心得て、必ず果たします。この期の土星がわたしたちに与えてくれる利点のひとつに、目的を明確にしてくれることが挙げられます。めざす物がクリアに見えるので、そこに向かってまっすぐ努力することができるでしょう。

先が見えるということは、予測可能で、退屈でもありますが、むしろ思いわずらうことなく、着実に前進できることを喜ぶべきです。ときにはちょっと寄り道して、変わったことをしてみるのもいいでしょう。決まりきった現実生活の息抜きになり、反則にはなりません。またここでは、あなたが安定した道を歩む一方で、意外にもパートナーのほうが、生活に刺激をもたらしてくれるかもしれません。

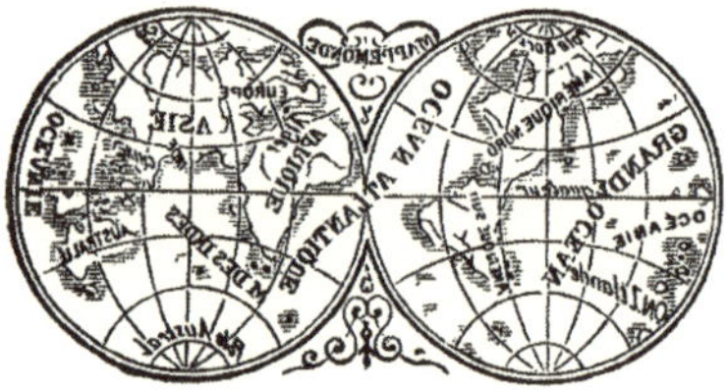

第40期
反発を招く

統治の期
山羊座3期

[この期の土星が落とす影]

ところかまわず威張り散らしていれば、必ず周囲から反発を招きます。いつでも自信たっぷりで怖いものなしという態度で人に接していると、今に鼻っ柱をへし折られることでしょう。あなたにそんなつもりはなくても、なかには奴隷扱いするなと怒っている人がいるかもしれません。そんな周囲との摩擦は年月を経てどんどん大きくなり、それに比例してあなたの態度もますます硬化。そうして気がついてみると、他人の気持ちがまったくわからない、冷淡な人間になりはてているかもしれません。

何事においても、もう少し柔らかい姿勢で臨めば、それほどの抵抗は受けないもの。ほんとうのところは自分だって、お互い邪魔せずにやっていきたいのだと、周囲にアピールすることが大切です。責任が肩にかかっていれば厳しくなるのは当然だとしても、周囲はそんなあなたを、ただ思いやりのない人間と見ているだけかもしれません。家庭でも職場でも、ユーモアに欠ける頭でっかちと思われているふしがあるとしたら、意識して人間味あふれる面を表に出していくべきです。何が何でも目標を達成するというのが人生の第一義になっていても、ここはユーモアを交えて、肩の力を抜いたアプローチをするほうが、周囲の反発を招くことなく、物事をスムーズに進めることができるでしょう。

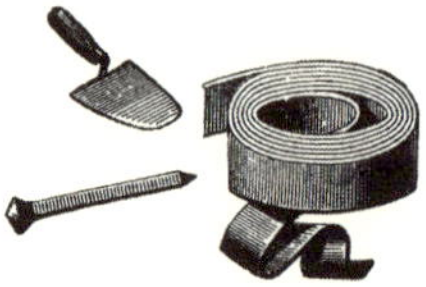

硬直して、柔軟性に欠けるというのは、心だけでなく、身体についてもあてはまります。これもなんとかしないと、健康を損なう恐れがあります。理学療法士、マッサージ師、フィットネストレーナーなど、専門家のアドバイスを受けながら、身体を柔らかくほぐし、深刻な病気にならないための予防が必要です。実際不調を感じてきたら、カイロプラクティックなどの代替医療も積極的に試してみましょう。

第41期
現実から遊離する

謎と想像力のカスプ
山羊座−水瓶座カスプ

[この期の土星が落とす影]

この期に土星が入ると、空想の世界にすっぽり飲みこまれてしまう危険性が多くの人に出てきます。気がつけば、自分が現実だと思っていた世界が、じつはそうでなかったとなれば、精神に強いストレスがかかるのは避けられません。さらにその事実を受け止められず、自分はまちがっていないと意固地になれば、現実からさらに遊離してしまいます。こうならないためには、できるだけ無理のないやり方で、現実に目覚めることが必要です。あなたを愛し、信頼の置ける人から力を借りましょう。ただしこれには、本人だけでなく、力を貸す側にも大変な忍耐力が必要です。

水瓶座《みずがめ》は天王星が支配しています。ここへやってきた土星

は、直感で動く天王星の性質に、居心地の悪さを感じて落ちつけません。この期に多くの人が、びくびくしたり、イライラしたり、予測できない行動に出たりするのは、天王星が土星を不安定にさせている証拠です。土星がうろたえているのは、見ていて気持ちのいいものではありません。この世から地に足のついた思考が消え、代わりに無秩序がまかり通るようになって、大混乱になるかもしれません。

土星と天王星、両者のエネルギーをひとつにして現実に役立たせるのは、なかなか大変ですが、やる気になれば不可能ではありません。たとえば瞬時に危険を察知するテレパシーのような直感を養えれば、実生活にも大いに役立ちます。実際、サイキックパワーが現実生活に役立つ可能性は大きいものです。その力を信じ、実際に何度も試してみることが成功の鍵となります。

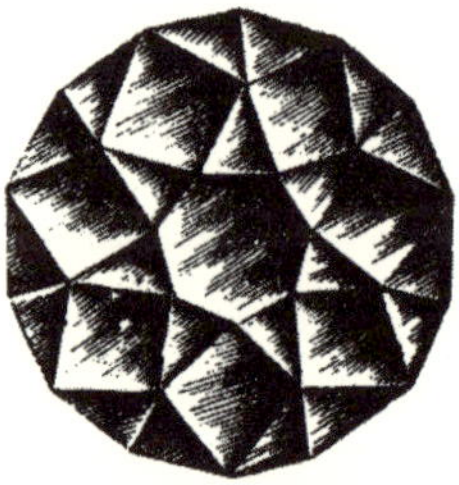

第42期 頭が働かない

才能の期
水瓶座1期

［この期の土星が落とす影］

この期に土星が入ると、頭の働きを阻害される恐れがあります。物事をてきぱきと考えることができなくなり、正しいこたえがまったく出てこないということにもなりかねません。実際ここでは、知的能力自体をアップさせるのは難しく、それを苦にしてフラストレーションがたまりそうです。どうしてこんなに頭が働かないのかと、折に触れて自分のふがいなさにカッとすることもあるでしょう。

この期をうまく乗り切るには、自分の知的能力に過大な期待を抱かないこと。頭がついていかないときは、それを補う手だてに頼ればいいのです。たとえば情報の記憶なら、コンピューターや電子手帳に任せる。メモを事細かにとり、忘れないよう自分なりの略語や略号を活用する。そんなふうに発想を転換するだけで、ずいぶんストレスがなくなるものです。

今日では便利な電子機器がいくらでも利用できますから、計算や情報処理が苦手だからといって、大きな害を被ることはありません。頭が働かない分、心を豊かに、直感を鋭く働かせて、それを補えばいいのです。また、問題が起きたからといって、すべて理詰めで考えることはありません。状況を丸ごととらえて直感で理解することも学びましょう。ときには自分の第六感に従うことも必要です。こういう力は、それを大事に思って育てていけば、現実生活でさらに大きな武器となるもの。いつ行動を起こし、いつ差し控えるべきか。絶好のタイミングを察知する能力を、ここでぜひ養ってください。

第43期
何をやっていても心配になる

若さと安らぎの期
水瓶座２期

[この期の土星が落とす影]

土星が水瓶座２期にあるときは、楽しむこと、愉快な時間を過ごすことが苦手になりそうです。物事がうまくいっているときに限って落ち着かなくなるのです。今にも悪いことが起きるのではないかと、いらぬ心配に頭を悩ませ、楽しい時間を過ごすことに後ろめたさを感じます。とにかく頑張らないと、人生で何事かを成し遂げないと、という思いが強く、そう思うがゆえに、かえって何もできなくなってしまうようです。あれをしようか、するまいか、始終悩み、悩むことで心のバランスをとっているような感があります。まるで自分ひとりを相手に神経の滅入るゲームを永遠に続けているようなもの。それではせっかくの楽しい時間も心ゆくまで楽しめないでしょう。

土星が水瓶座２期に入ったら、勇気を奮い起こして、この自滅的パターンを脱しなければいけません。楽しむなら余計なことは考えずに、とことん楽しむ。やらなければいけないことがあるなら、今すぐそれにとりかかる。どっちつかずが、一番いけません。土星はここで、心配と優柔不断という、人間にとって致命傷になりかねない性質を助長します。

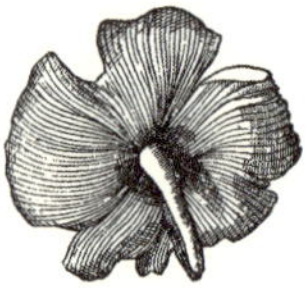

なんだか無性に心がざわざわしている。でもいったい何が心配なのか、その対象が自分にもわからないというときがあるかもしれません。しかしそれももっともなことでしょう。じつはあなたは、あらゆる物に対して小さな不安を抱えているからです。この状態をなんとかして脱しなければなりません。不安を克服して、余計な心配を捨て去りましょう。

第44期
心を閉ざす

受容の期
水瓶座3期

[この期の土星が落とす影]

「受容の期」にある土星は、人の許容心をひどく阻害してきます。よって、根深い恨み、強い怒りを抱きやすいのが、この期の特徴となります。自分が理解できない相手や主義は、徹底的にこきおろし、歯止めがきかなくなる恐れがあるでしょう。あらゆるものが自分とは異質に見えてきて、そう見えたが最後、なんでも悪いものと決めつけてしまうのです。偏見に満ちた心は、おいそれと他人の侵入を許しません。この期の土星はそんなふうに、人の心を閉ざすよう力を及ぼしてくるわけです。

誕生日に土星が水瓶座3期にあった人は、他人を許せないために苦しむ可能性が高いものです。誕生日がそうでなくても、この期になるとたいがいの人にそういう傾向が出てくるようです。この期には、だれかとじっくり話し合うことで、自分がまちがっていることに気づき、偏見を徐々に消していくことが必要です。人によっては、ある日突然霧が晴れたかのように、自分の心を縛り付けていた偏見がきれいさっぱり消えるかもしれません。

いつでも非難ばかりするのが性癖になってしまうと、やがては自分も傷つけてしまうことになりますから、注意が必要です。特に危ないのはハートのエリア。感情を司《つかさど》る心、臓器としての心臓に大きな負担がかかります。強いダメージを受けると、最悪の場合には疾病を引き起こし、強い薬物や外科的手術が必要になるかもしれません。

人を許す力を阻害することで、土星はわたしたちから、他人とつながる素晴らしいチャンスを奪います。次から次へ友人が消えていく人生は、なんと寂しく味気ないものでしょう。孤独に陥り、気分が荒れ、何をやってもうまくいかない。そんな人生にしたくなかったら、もっと心の扉を開き、他人を受け入れられるよう一生懸命努力するしかありません。

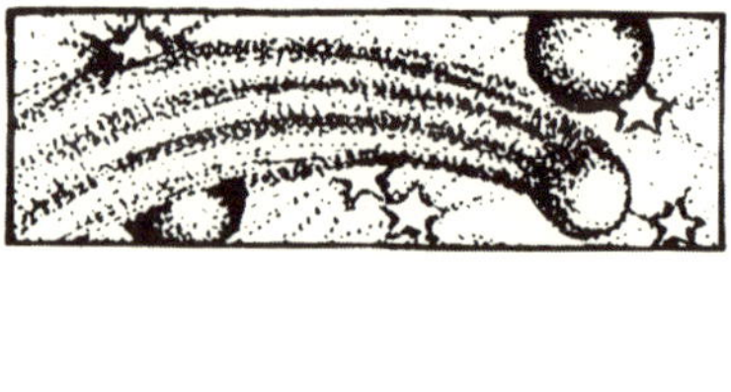

第45期
緊張する

鋭敏のカスプ
水瓶座–魚座カスプ

［この期の土星が落とす影］

「鋭敏のカスプ」に土星が入ると、自分の深いところにある感情に手が届きづらくなります。誕生日に土星がこの期にあったという人は、人からの非難を恐れるあまり、これまでずっと自分のまわりに防御壁を張りめぐらしてきたかもしれません。誕生日がそうでなくとも、土星がこの期にあるときは、だれでも防衛的な態度をとり、世間に対して自分の本心を隠す傾向が出てきます。しかしあまりに感情を強く抑えていると、身も心も緊張してこわばり、あらゆる種類のフラストレーションが自分のなかにたまってしまいます。

ここで不信の壁をとりはらい、ふたたび世界に向かって心を開くのは、極めて難しく、苦しいことになるでしょう。かといって現状のままでいても、やはり辛いだけです。勇気を奮って心を開き、もっと明るく心の広い人間になりましょう。ただしそれには、信頼できる友人やパートナーの助けが必要です。心を支えるという消極的な意味だけでなく、あなたが方向を見失わないよう、全面的に協力してもらわねばなりません。この問題ばかりは、自分ひとりで対処できるほど、たやすいものではないと心したほうがいいでしょう。

感情を解放していくプロセスには不安がつきもので、これに上手に対処していくことが一番の難関になるかもしれません。しかしパートナーからの愛と理解があれば、どんな難所もきっと切り抜けられるもの。このプロセスは、先に進めば進むほど不安も減ってきて、しまいには完全に消えていくと期待できます。よって、ときに絶望的に思えるような状況に直面しても、希望を失わず、自分を優しく励ましながら、最後まで頑張ることが大切です。

第46期
大きな力とつながれない

魂の期
魚座１期

［この期の土星が落とす影］

土星が魚座１期に入ると、宗教、精神世界、全宇宙的な存在といった、いわば人知を超えた世界とつながることが難しくなります。そのため、人生の意義深い側面や高次の力、インスピレーションの源からすっかり切り離されたように感じるかもしれません。土星の影響があまりに強いと、わたしたちは神にも背を向け、宗教などというものは、大衆の松葉杖《づえ》やアヘンのようなものだと、あからさまにあざけることになるかもしれません。そういったものから自分を切り離してしまうことは、弊害こそあれ、決して人生のプラスにはならないという事実、それが見えなくなってしまうのでしょう。

しかしながら逆の見方をすれば、今までそういうものを毛

嫌いしてきた人のほうが、何かのきっかけで、百八十度態度が変わることが多いもので、それまで超自然の力などまったく信じなかった人が、予想もしないときに、人知を超えた大きな力にぶつかることも多々あります。そういう瞬間は、別に本人が何か特別なことをしなくてもやってきます。さらに、抵抗する力が強ければ強いほど、受け入れたあとは逆にだれよりも強く信じる傾向もあります。それを考えれば、魚座１期に土星があるときに、かたくなに宗教を否定しようとするのは、やがて完全にそれに帰依する未来への、プレリュードと見ることもできます。

土星がこの期にあるときに、懐疑的な態度を変え、もっと積極的に精神世界とつながろうとするなら、瞑想《めいそう》のようなある特定の手法を試し、自分に起きる変化を見てみるといいでしょう。土星は非常に実際的ですから、このような方法であなたがスピリチュアルな世界に目覚めた際には、あっさりと反対姿勢を和らげるはずです。

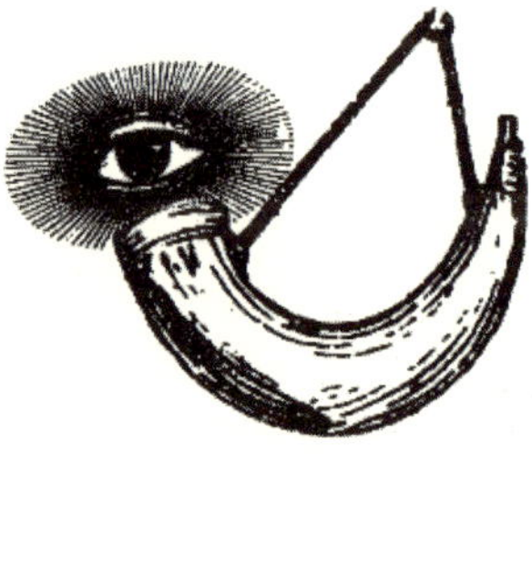

第47期
ひとりになれない

孤独な人の期
魚座２期

［この期の土星が落とす影］

ひとりになりたいと思う人を、世間はあまり理解してくれないようです。たとえばある組織からしばらく離れたいとあなたがいいだす。するとそのメンバーは、とたんに脅威を感じます。ここにいるのが嫌だというのは、何か組織に文句があるからかと身構え、仲間に対してあまりに失敬じゃないか、と怒りだすかもしれません。病気や怪我などのはっきりした理由もなしに、組織からしばしの離脱を求めると、今度は罰則をもちだし、それなら辞めなさいといってくるかもしれません。こういう状況で自分の思いを通すには、相当の決意と覚悟が必要になるでしょう。ひとりになって考えたいというあなたの欲求について理解し、もっとポジティブな見方をしてもらうには、周囲とのコミュニケーション能力も問われるところです。

この期に世間からひっこもうと思うと、土星はもうひとつ、あなたに試練を与えてくるでしょう。物事をなんでも深刻にとらえ、気持ちが沈んでくるかもしれません。しかしながらこの場合、ふだんから外にばかり意識が向かい、自分の内側について深い認識をもたない人は、逆にチャンスです。こういうときでもなければ、自分の深いところにある問題と正面切って向き合うことはできませんから、これを機にとことん掘り下げてみるべきなのです。

誕生日に土星がこの期にあった人は、人生の責任から逃れるために内にこもる傾向があります。現実から目を背け、空想の世界に閉じこもらないよう注意が必要です。同様に「孤独な人の期」に土星があるときはだれでも、ひとりになる時間をあまり多くとらないのが賢明です。傷つき、誤解を受けるたびに、自分の世界に入って身を守るのが癖になってしまうと、かえってひどい憂鬱に苦しむことになります。

第48期
シニカルになる

ダンサーと夢見る人の期
魚座３期

［この期の土星が落とす影］

魚座３期に土星が入ると、妙にシニカルになって、夢を追うことが馬鹿らしく感じられるかもしれません。迷信、偶然、心霊現象といったものを重視する態度に、土星はとても懐疑的。頑として保守的な姿勢を崩さず、効果が実証ずみのものでなければ安易には信用しません。ですから空想に端を発するような現実離れした活動は、いかなるものでも、笑い飛ばします。存在するかどうかもわからない、不たしかなものを信じる態度を冷笑することで、わたしたちを不動の現実のなかに縛りつけようとするのです。そんなものを頼りに生きるなんて、人生をサーカスやカーニバルだと思っているのかと、土星は冷ややかに笑います。

しかし人智《じんち》を超えたものを完全に否定してしまえば、わたしたちの人生は孤独で、味気ないものになるのは必至です。そんな寂しい生涯を終えたくなかったら、土星のエネルギーをもう少し明るい方向へ向けてやることです。

手強い敵、きわめて真面目な堅物といった印象のある土星ですが、それでも笑いの感覚はもち合わせているもの。人知を超えた存在をあざけりながら、そこに喜びを感じているのがその証拠です。ならばわたしたちは、彼を傍観者にしておかず、カーニバルを自ら楽しむよう誘いこんでやりましょう。人生は単なる傍観者でいるより、自ら舞台に上がったほうがもっと楽しくなる、それに気づいたときに、生きることへの迷いがすっと消えていくはずです。

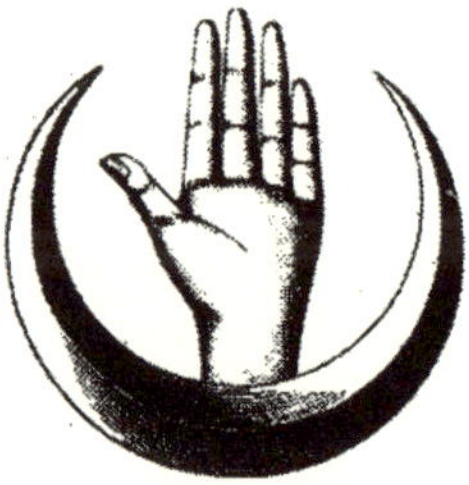

訳者あとがき

この本は、あの『誕生日事典』で大旋風を巻き起こした著者、ゲイリー・ゴールドシュナイダーによって書かれた最新作です。米国で100万部の大ベストセラーとなり、日本でも発売と同時に爆発的な人気を呼んで、現在も続々と増刷を重ねている『誕生日事典』。この本で自分の隠れた性格をコワイぐらいに見透かされた人たちが、他の人も調べてみたいと、会う人ごとにかたっぱしから誕生日をきいて回る。そんな現象が起きたというのですから、いやはやすごいことです。

その著者が、今度はなんと『運命事典』を出してきました。『誕生日事典』では、主として自分が生まれたときに太陽がどこにあったかをもとに、隠れた性格が明らかにされましたが、本書では、自分が生まれたときに、木星がどこにあったか、土星がどこにあったかをもとに、生涯にわたって自分につきまとう運・不運が明らかにされています。

性格ばかりか、これからの人生の運・不運まで見透かされてしまうのかと、一瞬開くのをためらう読者もいるでしょう。幸運がいつ来るかなら知りたいけど、不運が来ることがわかったら、ずっとビクビクして暮らさねばならないじゃないか……と。的中率がすごいだけに、できれば悪いことは知らないでおきたい。その気持ちはよくわかります。

しかし心配は無用。この本は、センセーショナルな言葉を使っていたずらに読者の不安をあおるのではなく、非常に冷静な筆致でもって、幸運・不運への対処法を具体的に説いています。運を最大限に生かすにはどうしたらいいのか。それが本書のテーマです。世の中全般を支配する運の流れと、誕生日によってちがってくる、人それぞれの運と不運。それをよく理解しておくことで、事態をいい方向へ向かわせることが可能だと、著者は本書の冒頭で熱っぽく語っています。

何事も努力さえすれば、必ずうまくいく。私も若い頃はそう思っていましたが、年をとるにつけ、どうもそういうわけではないんじゃないか、と考えるようになりました。がむしゃらに頑張って、これなら絶対だいじょうぶと思っていたことが、実際ぜんぜんうまくいかない。そうかと思えば、これはまずいことになると恐れていたことが、何もしないのに、ある日を境にとんとん拍子にうまくいく。そういう経験を何度もすると、やはりこの世には何か人間の目に見えない大きな力が働いていると、そう思わずにはいられません。そして、その力の一部を、広大な宇宙の、特定の天体が司《つかさど》っていると考えるのも、理にかなっている気がするのです。

そんなわけで、本書の翻訳が終わってからも、この原書はずっと私の枕元の、すぐ手の届く位置に置いてあります。木星も土星も急激な動きは見せないので、同じところを読むことも多いのですが、何かあるたびに、しょっちゅう開いているので、かなりくたびれてきています。何か良くないことが起きたとき、あっ、これは土星のせいだよね、それじゃあしょうがないか……なんて思うと、けっこう心穏やかに眠れる。そんな効用もあります。

とはいえ、本書を手にとった読者の皆様には、そんな暗い使い方ではなく、もっと明るく積極的に活用して、幸運をどんどん自分の手でつかんでほしいと思います。ちなみに、『誕生日事典』よりもずっと薄手ではありますが、あちらより、コストパフォーマンス的にも、ずっとお得です。だって『誕生日事典』の全817ページを読破した人はいますか？

占いの専門家でもないかぎり、一般人には皆無でしょう。せいぜい自分や家族、友人、会社の同僚の該当するページを読んで終わりになったはずです。しかし本書は2020年まで（巻末の木星表、土星表のヴァージョンアップありということになれば、永遠に！）使え、手元に置いておけば、いつかは必ず全ページを読破することになります。

とまあ、それはさておき。『誕生日事典』で大いに満足された方はもちろん、初めてこの著者に触れる方も、ぜひこの『運命事典』を手元に置き、人生をより豊かに生きる手だてにしていただければ、訳者としてはこの上ない喜びです。

シェイクスピアの翻訳は、小田島雄志氏訳『ハムレット』（白水Uブックス「シェイクスピア全集」）より引用させていただきました。ここに記してお礼を申し上げます。

杉田七重

ちなみにこのあとがきを書いているのは2007年４月23日で、木星は36期。「……この期ほど、木星の拡張エネルギーが広範囲にわたる期はありません。ここでは、限界を超えたい、ぎりぎりまで大きくなりたい、自分が携わる仕事すべてにおいて幸運をつかみたい、そんな気持ちに駆りたてられるもので……」

うわっ！　コワイほど当たってる！

木星表

JUPITER TABLE

Year	Dates	Personology Period
1900	1/1–1/16	33
	1/17–6/12	34
	6/13–9/12	33
	9/13–10/27	34
	10/28–12/1	35
	12/2–12/31	36
1901	1/1–1/3	36
	1/4–2/7	37
	2/8–3/29	38
	3/30–6/1	39
	6/2–8/8	38
	8/9–9/22	37
	9/23–11/13	38
	11/14–12/21	39
	12/21–12/31	40
1902	1/1–1/22	40
	1/23–2/24	41
	2/25–4/3	42
	4/4–8/12	43
	8/13–11/24	42
	11/25–12/31	43
1903	1/1–1/4	43
	1/5–2/5	44
	2/6–3/9	45
	3/10–4/10	46
	4/11–5/21	47
	5/22–9/7	48
	9/8–12/31	47
1904	1/1–1/8	47
	1/9–2/16	48
	2/17–3/17	1
	3/18–4/18	2
	4/19–5/20	3
	5/21–7/1	4
	7/2–10/8	5
	10/9–12/31	4
1905	1/1–2/17	4
	2/18–3/26	5
	3/27–4/27	6
	4/28–5/29	7
	5/30–7/2	8
	7/3–8/15	9
	8/16–11/4	10
	11/5–12/31	9
1906	1/1–4/3	9
	4/4–5/9	10
	5/10–6/11	11
	6/12–7/14	12
	7/15–8/20	13
	8/21–12/31	14
1907	1/1–1/12	14
	1/13–4/11	13
	4/12–5/25	14
	5/26–6/30	15
	7/1–8/2	16
	8/3–9/7	17
	9/8–10/25	18
	10/26–12/31	19
1908	1/1–1/6	19
	1/7–3/13	18
	3/14–4/16	17
	4/17–6/15	18
	6/16–7/23	19
	7/24–8/27	20
	8/28–10/1	21
	10/2–11/15	22
	11/16–12/31	23

木星表

JUPITER TABLE

Year	Dates	Personology Period
1909	1/1–2/12	23
	2/13–7/13	22
	7/14–8/21	23
	8/22–9/25	24
	9/26–10/31	25
	11/1–12/15	26
	12/16–12/31	27
1910	1/1–3/15	27
	3/16–8/13	26
	8/14–9/21	27
	9/22–10/26	28
	10/27–12/1	29
	12/2–12/31	30
1911	1/1–1/14	30
	1/15–4/16	31
	4/17–9/12	30
	9/13–10/21	31
	10/22–11/24	32
	11/25–12/29	33
	12/30–12/31	34
1912	1/1–2/9	34
	2/10–5/24	35
	5/25–10/7	34
	10/8–11/14	35
	11/15–12/18	36
	12/19–12/31	37
1913	1/1–1/20	37
	1/21–2/27	38
	2/28–7/16	39
	7/17–10/22	38
	10/23–12/4	39
	12/5–12/31	40
1914	1/1–1/6	40
	1/7–2/7	41
	2/8–3/13	42
	3/14–4/25	43
	4/26–7/20	44
	7/21–12/14	43
	12/15–12/31	44
1915	1/1–1/19	44
	1/20–2/20	45
	2/21–3/24	46
	3/25–4/27	47
	4/28–6/13	48
	6/14–8/23	1
	8/24–10/30	48
	10/31–11/29	47
	11/30–12/31	48
1916	1/1–1/26	48
	1/27–3/1	1
	3/2–4/1	2
	4/2–5/2	3
	5/3–6/6	4
	6/7–7/26	5
	7/27–9/23	6
	9/24–11/25	5
	11/26–12/31	4
1917	1/1–1/15	4
	1/16–3/7	5
	3/8–4/10	6
	4/11–5/12	7
	5/13–6/13	8
	6/14–7/20	9
	7/21–12/5	10
	12/6–12/31	9
1918	1/1–3/7	9
	3/8–4/21	10
	4/22–5/26	11
	5/27–6/27	12
	6/28–7/31	13
	8/1–9/10	14
	9/11–12/26	15
	12/27–12/31	14

木星表

JUPITER TABLE

Year	Dates	Personology Period
1919	1/1–5/4	14
	5/5–6/13	15
	6/14–7/17	16
	7/18–8/20	17
	8/21–9/27	18
	9/28–12/31	19
1920	1/1–2/15	19
	2/16–5/22	18
	5/23–7/6	19
	7/7–8/11	20
	8/12–9/14	21
	9/15–10/22	22
	10/23–12/31	23
1921	1/1–3/24	23
	3/25–6/17	22
	6/18–8/4	23
	8/5–9/11	24
	9/12–10/14	25
	10/15–11/22	26
	11/23–12/31	27
1922	1/1–4/24	27
	4/25–7/18	26
	7/19–9/4	27
	9/5–10/10	28
	10/11–11/14	29
	11/15–12/21	30
	12/22–12/31	31

Year	Dates	Personology Period
1923	1/1–5/25	31
	5/26–8/19	30
	8/20–10/4	31
	10/5–11/8	32
	11/9–12/12	33
	12/13–12/31	34
1924	1/1–1/18	34
	1/19–3/12	35
	3/13–4/30	36
	5/1–7/6	35
	7/7–9/7	34
	9/8–10/28	35
	10/29–12/2	36
	12/3–12/31	37
1925	1/1–1/4	37
	1/5–2/7	38
	2/8–3/22	39
	3/23–6/29	40
	6/30–11/14	39
	11/15–12/23	40
	12/24–12/31	41
1926	1/1–1/23	41
	1/24–2/24	42
	2/25–3/31	43
	4/1–5/26	44
	5/27–7/6	45
	7/7–9/11	44
	9/12–11/15	43
	11/16–12/31	44

Year	Dates	Personology Period
1927	1/1–2/4	45
	2/5–3/8	46
	3/9–4/9	47
	4/10–5/15	48
	5/16–10/7	1
	10/8–12/31	48
1928	1/1–2/12	1
	2/13–3/16	2
	3/17–4/16	3
	4/17–5/18	4
	5/19–6/25	5
	6/26–11/8	6
	11/9–12/31	5
1929	1/1–2/10	5
	2/11–3/24	6
	3/25–4/26	7
	4/27–5/28	8
	5/29–6/30	9
	7/1–8/9	10
	8/10–12/2	11
	12/3–21/31	10
1930	1/1–3/30	10
	3/31–5/9	11
	5/10–6/11	12
	6/12–7/14	13
	7/15–8/19	14
	8/20–10/8	15
	10/9–12/8	16
	12/9–12/31	15

木星表

JUPITER TABLE

Year	Dates	Personology Period	Year	Dates	Personology Period	Year	Dates	Personology Period
1931	1/1–2/9	15	1935	1/1–1/14	31	1939	1/1–1/18	45
	2/10–4/2	14		1/15–5/5	32		1/19–2/19	46
	4/3–5/28	15		5/6–9/13	31		2/20–3/22	47
	5/29–7/1	16		9/14–10/23	32		3/23–4/24	48
	7/2–8/5	17		10/24–11/27	33		4/25–6/3	1
	8/6–9/8	18		11/28–12/31	34		6/4–9/18	2
	9/9–10/21	19					9/19–12/31	1
	10/22–12/31	20						
1932	1/1–1/24	20	1936	1/1–2/8	35	1940	1/1–1/20	1
	1/25–6/16	19		2/9–6/15	36		1/21–2/28	2
	6/17–7/25	20		6/16–10/6	35		2/29–3/31	3
	7/26–8/29	21		10/7–11/11	36		4/1–5/1	4
	8/30–10/4	22		11/12–12/20	37		5/2–6/3	5
	10/5–11/15	23		12/21–12/31	38		6/4–7/14	6
	11/16–12/31	24					7/15–10/27	7
							10/28–12/31	6
1933	1/1–2/28	24	1937	1/1–1/21	38	1941	1/1–3/2	6
	3/1–7/17	23		1/22–2/26	39		3/3–4/9	7
	7/18–8/24	24		2/27–4/22	40		4/10–5/11	8
	8/25–9/28	25		4/23–7/7	41		5/12–6/12	9
	9/29–11/3	26		7/8–8/13	40		6/13–7/17	10
	11/4–12/15	27		8/14–10/15	39		7/18–8/31	11
	12/16–12/31	28		10/16–12/3	40		9/1–11/18	12
				12/4–12/31	41		11/19–12/31	11
1934	1/1–3/30	28	1938	1/1–1/6	41	1942	1/1–1/28	11
	3/31–8/15	27		1/7–2/7	42		1/29–2/13	10
	8/16–9/24	28		2/8–3/12	43		2/14–4/19	11
	9/25–10/29	29		3/13–4/19	44		4/20–5/25	12
	10/30–12/3	30		4/20–8/27	45		5/26–6/27	13
	12/4–12/31	31		8/28–12/9	44		6/28–7/31	14
				12/10–12/31	45		8/1–9/7	15
							9/8–12/31	16

木星表

JUPITER TABLE

Year	Dates	Personology Period
1943	1/1–1/20	16
	1/21–5/2	15
	5/3–6/14	16
	6/15–7/19	17
	7/20–8/22	18
	8/23–9/28	19
	9/29–11/25	20
	11/26–12/31	21
1944	1/1–2/28	20
	2/29–5/19	19
	5/20–7/8	20
	7/9–8/14	21
	8/15–9/17	22
	9/18–10/24	23
	10/25–12/17	24
	12/18–12/31	25
1945	1/1–2/6	25
	2/7–4/13	24
	4/14–6/15	23
	6/16–8/7	24
	8/8–9/13	25
	9/14–10/18	26
	10/19–11/24	27
	11/25–12/31	28
1946	1/1–1/18	28
	1/19–3/6	29
	3/7–5/3	28
	5/4–7/17	27
	7/18–9/7	28
	9/8–10/14	29
	10/15–11/17	30
	11/18–12/24	31
	12/25–12/31	32
1947	1/1–2/16	32
	2/17–4/9	33
	4/10–6/16	32
	6/17–8/14	31
	8/15–10/6	32
	10/7–11/11	33
	11/12–12/15	34
	12/16–12/31	35
1948	1/1–1/19	35
	1/20–3/5	36
	3/6–5/26	37
	5/27–10/20	36
	10/21–12/4	37
	12/5–12/31	38
1949	1/1–1/5	38
	1/6–2/8	39
	2/9–3/18	40
	3/19–7/26	41
	7/27–11/10	40
	11/11–12/20	41
	12/21–12/31	42
1950	1/1–1/22	42
	1/23–2/23	43
	2/24–3/28	44
	3/29–5/10	45
	5/11–8/14	46
	8/15–12/28	45
	12/29–12/31	46
1951	1/1–2/2	46
	2/3–3/6	47
	3/7–4/6	48
	4/7–5/11	1
	5/12–6/23	2
	6/24–9/14	3
	9/15–12/31	2
1952	1/1–2/7	2
	2/8–3/14	3
	3/15–4/14	4
	4/15–5/15	5
	5/16–6/18	6
	6/19–8/5	7
	8/6–10/14	8
	10/15–12/18	7
	12/19–12/31	6

木星表
JUPITER TABLE

Year	Dates	Personology Period
1953	1/1–1/22	6
	1/23–3/19	7
	3/20–4/24	8
	4/25–5/26	9
	5/27–6/28	10
	6/29–8/3	11
	8/4–12/31	12
1954	1/1–3/22	11
	3/23–5/7	12
	5/8–6/11	13
	6/12–7/14	14
	7/15–8/18	15
	8/19–9/30	16
	10/1–12/31	17
1955	1/1–1/3	17
	1/4–5/24	16
	5/25–7/2	17
	7/3–8/6	18
	8/7–9/12	19
	9/13–10/20	20
	10/21–12/31	21
1956	1/1–2/16	21
	2/17–6/16	20
	6/17–7/28	21
	7/29–9/1	22
	9/2–10/7	23
	10/8–11/16	24
	11/17–12/31	25
1957	1/1–3/20	25
	3/21–7/16	24
	7/17–8/28	25
	8/29–10/2	26
	10/3–11/6	27
	11/7–12/17	28
	12/18–12/31	29
1958	1/1–4/19	29
	4/20–8/17	28
	8/18–9/28	29
	9/29–11/2	30
	11/3–12/6	31
	12/7–12/31	32
1959	1/1–1/15	32
	1/16–5/23	33
	5/24–9/14	32
	9/15–10/26	33
	10/27–11/29	34
	11/30–12/31	35
1960	1/1–1/2	35
	1/3–2/8	36
	2/9–7/8	37
	7/9–10/2	36
	10/3–11/16	37
	11/17–12/20	38
	12/21–12/31	39
1961	1/1–1/22	39
	1/23–2/25	40
	2/26–4/8	41
	4/9–7/2	42
	7/3–11/30	41
	12/1–12/31	42
1962	1/1–1/5	42
	1/6–2/6	43
	2/7–3/10	44
	3/11–4/14	45
	4/15–6/4	46
	6/5–7/29	47
	7/30–10/2	46
	10/3–11/25	45
	11/26–12/31	46
1963	1/1–1/14	46
	1/15–2/17	47
	2/18–3/20	48
	3/21–4/21	1
	4/22–5/26	2
	5/27–7/23	3
	7/24–8/26	4
	8/27–10/31	3
	11/1–12/31	2

木星表
JUPITER TABLE

Year	Dates	Personology Period
1964	1/1–1/8	2
	1/9–2/23	3
	2/24–3/28	4
	3/29–4/28	5
	4/29–5/31	6
	6/1–7/6	7
	7/7–11/28	8
	11/29–12/31	7
1965	1/1–2/21	7
	2/22–4/6	8
	4/7–5/10	9
	5/11–6/11	10
	6/12–7/15	11
	7/16–8/24	12
	8/25–12/16	13
	12/17–12/31	12
1966	1/1–4/15	12
	4/16–5/25	13
	5/26–6/28	14
	6/29–8/1	15
	8/2–9/6	16
	9/7–11/4	17
	11/5–12/8	18
	12/9–12/31	17
1967	1/1–2/12	17
	2/13–4/27	16
	4/28–6/15	17
	6/16–7/21	18
	7/22–8/24	19
	8/25–9/29	20
	9/30–11/17	21
	11/18–12/31	22
1968	1/1–1/25	22
	1/26–4/1	21
	4/2–5/12	20
	5/13–7/10	21
	7/11–8/17	22
	8/18–9/21	23
	9/22–10/27	24
	10/28–12/14	25
	12/15–12/31	26
1969	1/1–2/15	26
	2/16–5/7	25
	5/8–6/8	24
	6/9–8/9	25
	8/10–9/17	26
	9/18–10/21	27
	10/22–11/27	28
	11/28–12/31	29
1970	1/1–1/14	29
	1/15–3/28	30
	3/29–6/3	29
	6/4–7/10	28
	7/11–9/9	29
	9/10–10/15	30
	10/16–11/20	31
	11/21–12/26	32
	12/27–12/31	33
1971	1/1–2/10	33
	2/11–5/3	34
	5/4–10/7	33
	10/8–11/13	34
	11/14–12/17	35
	12/18–12/31	36
1972	1/1–1/20	36
	1/21–3/1	37
	3/2–6/20	38
	6/21–10/26	37
	10/27–12/4	38
	12/5–12/31	39

木星表
JUPITER TABLE

Year	Dates	Personology Period
1973	1/1–1/6	39
	1/7–2/7	40
	2/8–3/15	41
	3/16–5/10	42
	5/11–6/19	43
	6/20–8/26	42
	8/27–10/31	41
	11/1–12/18	42
	12/19–12/31	43
1974	1/1–1/21	43
	1/22–2/21	44
	2/22–3/25	45
	3/26–5/2	46
	5/3–9/16	47
	9/17–12/20	46
	12/21–12/31	47
1975	1/1–1/30	47
	1/31–3/4	48
	3/5–4/4	1
	4/5–5/6	2
	5/7–6/13	3
	6/14–10/18	4
	10/19–12/31	3
1976	1/1–1/31	3
	2/1–3/10	4
	3/11–4/12	5
	4/13–5/13	6
	5/14–6/15	7
	6/16–7/25	8
	7/26–11/15	9
	11/16–12/31	8
1977	1/1–3/15	8
	3/16–4/23	9
	4/24–5/26	10
	5/27–6/27	11
	6/28–8/1	12
	8/2–9/17	13
	9/18–11/30	14
	12/1–12/31	13
1978	1/1–2/4	13
	2/5–3/8	12
	3/9–5/6	13
	5/7–6/12	14
	6/13–7/15	15
	7/16–8/18	16
	8/19–9/28	17
	9/29–12/31	18
1979	1/1–1/24	18
	1/25–5/24	17
	5/25–7/4	18
	7/5–8/8	19
	8/9–9/12	20
	9/13–10/21	21
	10/22–12/31	22
1980	1/1–3/5	22
	3/6–6/17	21
	6/18–7/31	22
	8/1–9/5	23
	9/6–10/10	24
	10/11–11/18	25
	11/19–12/31	26
1981	1/1–4/6	26
	4/7–7/17	25
	7/18–8/31	26
	9/1–10/6	27
	10/7–11/9	28
	11/10–12/18	29
	12/19–12/31	30
1982	1/1–5/7	30
	5/8–8/17	29
	8/18–9/30	30
	10/1–11/5	31
	11/6–12/9	32
	12/10–12/31	33
1983	1/1–1/16	33
	1/17–6/13	34
	6/14–9/12	33
	9/13–10/27	34
	10/28–12/1	35
	12/2–12/31	36

木星表

JUPITER TABLE

Year	Dates	Personology Period	Year	Dates	Personology Period	Year	Dates	Personology Period
1984	1/1–1/3	36	1987	1/1–1/9	47	1990	1/1–1/10	14
	1/4–2/8	37		1/10–2/15	48		1/11–4/11	13
	2/9–3/29	38		2/16–3/19	1		4/12–5/25	14
	3/30–5/30	39		3/20–4/19	2		5/26–6/29	15
	5/31–8/6	38		4/20–5/23	3		6/30–8/2	16
	8/7–9/22	37		5/24–7/5	4		8/3–9/6	17
	9/23–11/15	38		7/6–10/4	5		9/7–10/24	18
	11/16–12/21	39		10/5–12/31	4		10/25–12/31	19
	12/22–12/31	40						
1985	1/1–1/22	40	1988	1/1–2/19	4	1991	1/1–1/5	19
	1/23–2/24	41		2/20–3/27	5		1/6–3/13	18
	2/25–4/4	42		3/28–4/28	6		3/14–4/16	17
	4/5–8/8	43		4/29–5/29	7		4/17–6/15	18
	8/9–11/25	42		5/30–7/3	8		6/16–7/23	19
	11/26–12/31	43		7/4–8/18	9		7/24–8/27	20
				8/19–10/30	10		8/28–10/1	21
				10/31–12/31	9		10/2–11/15	22
							11/16–12/31	23
1986	1/1–1/4	43	1989	1/1–1/4	9	1992	1/1–2/14	23
	1/5–2/6	44		1/5–2/4	8		2/15–7/11	22
	2/7–3/9	45		2/5–4/1	9		7/12–8/20	23
	3/10–4/11	46		4/2–5/9	10		8/21–9/24	24
	4/12–5/22	47		5/10–6/11	11		9/25–10/30	25
	5/23–9/2	48		6/12–7/14	12		10/31–12/13	26
	9/3–12/31	47		7/15–8/20	13		12/14–12/31	27
				8/21–12/31	14			

木星表
JUPITER TABLE

Year	Dates	Personology Period
1993	1/1–3/17	27
	3/18–8/11	26
	8/12–9/20	27
	9/21–10/25	28
	10/26–11/29	29
	11/30–12/31	30
1994	1/1–1/13	30
	1/14–4/16	31
	4/17–9/11	30
	9/12–10/20	31
	10/21–11/23	32
	11/24–12/28	33
	12/29–12/31	34
1995	1/1–2/8	34
	2/9–5/24	35
	5/25–10/7	34
	10/8–11/15	35
	11/16–12/18	36
	12/19–12/31	37
1996	1/1–1/21	37
	1/22–2/28	38
	2/29–7/14	39
	7/15–10/23	38
	10/24–12/4	39
	12/5–12/31	40
1997	1/1–1/6	40
	1/7–2/7	41
	2/8–3/13	42
	3/14–4/26	43
	4/27–7/24	44
	7/25–12/15	43
	12/16–12/31	44
1998	1/1–1/20	44
	1/21–2/21	45
	2/22–3/24	46
	3/25–4/28	47
	4/29–6/16	48
	6/17–8/18	1
	8/19–10/22	48
	10/23–12/4	47
	12/5–12/31	48
1999	1/1–1/27	48
	1/28–3/2	1
	3/3–4/3	2
	4/4–5/4	3
	5/5–6/8	4
	6/9–7/31	5
	8/1–9/18	6
	9/19–11/20	5
	11/21–12/31	4
2000	1/1–1/19	4
	1/20–3/7	5
	3/8–4/11	6
	4/12–5/12	7
	5/13–6/14	8
	6/15–7/20	9
	7/21–12/6	10
	12/7–12/31	9
2001	1/1–3/8	9
	3/9–4/21	10
	4/22–5/25	11
	5/26–6/27	12
	6/28–7/31	13
	8/1–9/10	14
	9/11–12/25	15
	12/26–12/31	14
2002	1/1–5/4	14
	5/5–6/12	15
	6/13–7/17	16
	7/18–8/17	17
	8/18–9/27	18
	9/28–12/31	19

木星表

JUPITER TABLE

Year	Dates	Personology Period
2003	1/1–2/14	19
	2/15–5/22	18
	5/23–7/6	19
	7/7–8/11	20
	8/12–9/14	21
	9/15–10/22	22
	10/23–12/31	23
2004	1/1–3/23	23
	3/24–6/16	22
	6/17–8/3	23
	8/4–9/8	24
	9/9–10/13	25
	10/14–11/20	26
	11/21–12/31	27
2005	1/1–4/23	27
	4/24–7/17	26
	7/18–9/3	27
	9/4–10/10	28
	10/11–11/13	29
	11/14–12/21	30
	12/22–12/31	31
2006	1/1–5/25	31
	5/26–8/17	30
	8/18–10/3	31
	10/4–11/8	32
	11/9–12/12	33
	12/13–12/31	34
2007	1/1–1/17	34
	1/18–3/14	35
	3/15–4/28	36
	4/29–7/5	35
	7/6–9/8	34
	9/9–10/28	35
	10/29–12/3	36
	12/4–12/31	37
2008	1/1–1/5	37
	1/6–2/8	38
	2/9–3/22	39
	3/23–6/27	40
	6/28–11/14	39
	11/15–12/21	40
	12/22–12/31	41
2009	1/1–1/22	41
	1/23–2/23	42
	2/24–3/31	43
	4/1–5/15	44
	5/16–7/3	45
	7/4–9/9	44
	9/10–11/15	43
	11/16–12/31	44
2010	1/1–2/4	45
	2/5–3/7	46
	3/8–4/8	47
	4/9–5/15	48
	5/16–10/6	1
	10/7–12/31	48
2011	1/1–2/11	1
	2/12–3/17	2
	3/18–4/17	3
	4/18–5/19	4
	5/20–6/25	5
	6/26–11/7	6
	11/8–12/31	5
2012	1/1–2/11	5
	2/12–3/23	6
	3/24–4/25	7
	4/26–5/27	8
	5/28–6/29	9
	6/30–8/8	10
	8/9–12/1	11
	12/2–12/31	10
2013	1/1–3/29	10
	3/30–5/10	11
	5/11–6/10	12
	6/11–7/13	13
	7/14–8/18	14
	8/19–10/7	15
	10/8–12/7	16
	12/8–12/31	15

木星表

JUPITER TABLE

Year	Dates	Personology Period
2014	1/1–2/8	15
	2/9–4/1	14
	4/2–5/24	15
	5/25–6/30	16
	7/1–8/3	17
	8/4–9/7	18
	9/8–10/20	19
	10/21–12/31	20
2015	1/1–1/27	20
	1/28–6/16	19
	6/17–7/25	20
	7/26–8/29	21
	8/30–10/4	22
	10/5–11/15	23
	11/16–12/31	24
2016	1/1–3/3	24
	3/4–7/14	23
	7/15–8/23	24
	8/24–9/28	25
	9/29–11/2	26
	11/3–12/14	27
	12/15–12/31	28
2017	1/1–4/2	28
	4/3–8/14	27
	8/15–9/23	28
	9/24–10/28	29
	10/29–12/3	30
	12/4–12/31	31
2018	1/1–1/14	31
	1/15–5/3	32
	5/4–9/13	31
	9/14–10/23	32
	10/24–11/26	33
	11/27–12/31	34
2019	1/1–2/8	35
	2/9–6/14	36
	6/15–10/6	35
	10/7–11/16	36
	11/17–12/20	37
	12/21–12/31	38
2020	1/1–1/22	38
	1/23–2/27	39
	2/28–4/22	40
	4/23–6/5	41
	6/6–8/11	40
	8/12–10/14	39
	10/15–12/2	40
	12/3–12/31	41

土星表

SATURN TABLE

Year	Dates	Personology Period
1900	1/1–3/9	37
	3/10–5/20	38
	5/21–11/29	37
	11/30–12/31	38
1901	1/1–2/3	38
	2/4–7/28	39
	7/29–10/31	38
	11/1–12/31	39
1902	1/1–1/12	39
	1/13–3/27	40
	3/28–6/18	41
	6/19–12/20	40
	12/21–12/31	41
1903	1/1–2/23	41
	2/24–8/12	42
	8/13–11/17	41
	11/18–12/31	42
1904	1/1–1/31	42
	2/1–4/11	43
	4/12–7/23	44
	7/24–12/31	43
1905	1/1–1/5	43
	1/6–3/10	44
	3/11–10/12	45
	10/13–11/18	44
	11/19–12/31	45
1906	1/1–2/14	45
	2/15–4/19	46
	4/20–9/6	47
	9/7–12/31	46
1907	1/1–1/14	46
	1/15–3/20	47
	3/21–6/5	48
	6/6–8/13	1
	8/14–12/31	48
1908	1/1–2/19	48
	2/20–4/22	1
	4/23–11/10	2
	11/11–12/31	1
1909	1/1–1/2	1
	1/3–3/22	2
	3/23–5/23	3
	5/24–10/23	4
	10/24–12/31	3
1910	1/1–2/12	3
	2/13–4/19	4
	4/20–6/24	5
	6/25–10/16	6
	10/17–12/31	5
1911	1/1–3/14	5
	3/15–5/14	6
	5/15–7/27	7
	7/28–10/10	8
	10/11–12/31	7

土 星 表

SATURN TABLE

Year	Dates	Personology Period
1912	1/1–4/8	7
	4/9–6/7	8
	6/8–9/5	9
	9/6–9/27	10
	9/28–12/31	9
1913	1/1–5/1	9
	5/2–6/29	10
	6/30–12/31	11
1914	1/1–1/25	11
	1/26–3/1	10
	3/2–5/23	11
	5/24–7/21	12
	7/22–12/31	11
1915	1/1–1/21	11
	1/22–4/2	12
	4/3–6/13	13
	6/14–8/12	14
	8/13–12/31	15
1916	1/1–1/23	15
	1/24–4/27	14
	4/28–7/4	15
	7/5–9/3	16
	9/4–12/31	17
1917	1/1–1/25	17
	1/26–5/22	16
	5/23–7/26	17
	7/27–9/27	18
	9/28–12/31	19
1918	1/1–1/26	19
	1/27–6/17	18
	6/18–8/18	19
	8/19–10/26	20
	10/27–12/31	21
1919	1/1–1/24	21
	1/25–7/14	20
	7/15–9/13	21
	9/14–12/9	22
	12/10–12/31	23
1920	1/1–1/6	23
	1/7–8/10	22
	8/11–10/10	23
	10/11–12/31	24
1921	1/1–4/15	24
	4/16–6/24	23
	6/25–9/9	24
	9/10–11/12	25
	11/13–12/31	26
1922	1/1–3/28	26
	3/29–8/6	25
	8/7–10/11	26
	10/12–12/25	27
	12/26–12/31	28
1923	1/1–3/7	28
	3/8–9/13	27
	9/14–11/15	28
	11/16–12/31	29
1924	1/1–5/26	29
	5/27–8/1	28
	8/2–10/19	29
	10/20–12/25	30
	12/26–12/31	31
1925	1/1–4/26	31
	4/27–9/21	30
	9/22–11/26	31
	11/27–12/31	32
1926	1/1–7/14	32
	7/15–8/3	31
	8/4–11/3	32
	11/4–12/31	33

土星表
SATURN TABLE

Year	Dates	Personology Period
1927	1/1–1/8	33
	1/9–5/31	34
	6/1–10/7	33
	10/8–12/14	34
	12/15–12/31	35
1928	1/1–3/15	35
	3/16–4/10	36
	4/11–11/21	35
	11/22–12/31	36
1929	1/1–1/26	36
	1/27–6/28	37
	6/29–10/26	36
	10/27–12/31	37
1930	1/1–1/3	37
	1/4–3/30	38
	3/31–5/13	39
	5/14–12/13	38
	12/14–12/31	39
1931	1/1–2/16	39
	2/17–7/26	40
	7/27–11/15	39
	11/16–12/31	40
1932	1/1–1/24	40
	1/25–4/14	41
	4/15–6/14	42
	6/15–12/31	41

Year	Dates	Personology Period
1933	1/1–3/6	42
	3/7–8/27	43
	8/28–11/30	42
	12/1–12/31	43
1934	1/1–2/9	43
	2/10–4/23	44
	4/24–7/26	45
	7/27–12/31	44
1935	1/1–1/15	44
	1/16–3/20	45
	3/21–10/15	46
	10/16–12/2	45
	12/3–12/31	46
1936	1/1–2/21	46
	2/22–4/26	47
	4/27–9/13	48
	9/14–12/31	47
1937	1/1–1/20	47
	1/21–3/26	48
	3/27–6/10	1
	6/11–8/23	2
	8/24–12/31	1
1938	1/1–2/24	1
	2/25–4/27	2
	4/28–11/27	3
	11/28–12/31	2

Year	Dates	Personology Period
1939	1/1–3/26	3
	3/27–5/27	4
	5/28–11/7	5
	11/8–12/31	4
1940	1/1–2/14	4
	2/15–4/21	5
	4/22–6/24	6
	6/25–11/1	7
	11/2–12/31	6
1941	1/1–3/15	6
	3/16–5/16	7
	5/17–7/23	8
	7/24–10/30	9
	10/31–12/31	8
1942	1/1–4/9	8
	4/10–6/8	9
	6/9–8/22	10
	8/23–10/29	11
	10/30–12/31	10
1943	1/1–5/2	10
	5/3–6/30	11
	7/1–9/27	12
	9/28–10/21	13
	10/22–12/31	12
1944	1/1–5/23	12
	5/24–7/21	13
	7/22–12/31	14

土星表
SATURN TABLE

Year	Dates	Personology Period
1945	1/1–2/20	14
	2/21–3/19	13
	3/20–6/14	14
	6/15–8/12	15
	8/13–12/31	16
1946	1/1–2/14	16
	2/15–4/23	15
	4/24–7/6	16
	7/7–9/3	17
	9/4–12/31	18
1947	1/1–2/13	18
	2/14–5/22	17
	5/23–7/29	18
	7/30–9/29	19
	9/30–12/31	20
1948	1/1–2/11	20
	2/12–6/19	19
	6/20–8/22	20
	8/23–10/27	21
	10/28–12/31	22
1949	1/1–2/6	22
	2/7–7/17	21
	7/18–9/17	22
	9/18–12/8	23
	12/9–12/31	24
1950	1/1–1/21	24
	1/22–8/16	23
	8/17–10/17	24
	10/18–12/31	25
1951	1/1–4/24	25
	4/25–7/2	24
	7/3–9/17	25
	9/18–11/20	26
	11/21–12/31	27
1952	1/1–4/4	27
	4/5–8/14	26
	8/15–10/19	27
	10/20–12/31	28
1953	1/1–1/5	28
	1/6–3/7	29
	3/8–9/23	28
	9/24–11/25	29
	11/26–12/31	30
1954	1/1–5/25	30
	5/26–8/16	29
	8/17–10/31	30
	11/1–12/31	31
1955	1/1–1/8	31
	1/9–4/24	32
	4/25–10/5	31
	10/6–12/9	32
	12/10–12/31	33
1956	1/1–7/10	33
	7/11–8/20	32
	8/21–11/16	33
	11/17–12/31	34
1957	1/1–1/23	34
	1/24–5/26	35
	5/27–10/22	34
	10/23–12/28	35
	12/29–12/31	36
1958	1/1–12/6	36
	12/7–12/31	37
1959	1/1–2/12	37
	2/13–6/23	38
	6/24–11/12	37
	11/13–12/31	38
1960	1/1–1/18	38
	1/19–12/27	39
	12/28–12/31	40
1961	1/1–3/4	40
	3/5–7/20	41
	7/21–12/1	40
	12/2–12/31	41

土星表

SATURN TABLE

Year	Dates	Personology Period
1962	1/1–2/6	41
	2/7–12/31	42
1963	1/1–1/14	42
	1/15–3/21	43
	3/22–8/23	44
	8/24–12/16	43
	12/17–12/31	44
1964	1/1–2/22	44
	2/23–5/11	45
	5/12–7/21	46
	7/22–12/31	45
1965	1/1–1/27	45
	1/28–3/31	46
	4/1–10/10	47
	10/11–12/18	46
	12/19–12/31	47
1966	1/1–3/3	47
	3/4–5/8	48
	5/9–9/16	1
	9/17–12/31	48
1967	1/1–1/31	48
	2/1–4/5	1
	4/6–6/21	2
	6/22–8/28	3
	8/29–12/31	2

Year	Dates	Personology Period
1968	1/1–3/4	2
	3/5–5/4	3
	5/5–12/3	4
	12/4–12/31	3
1969	1/1–1/8	3
	1/9–4/2	4
	4/3–6/2	5
	6/3–11/16	6
	11/17–12/31	5
1970	1/1–2/19	5
	2/20–4/26	6
	4/27–6/29	7
	6/30–11/13	8
	11/14–12/31	7
1971	1/1–3/20	7
	3/21–5/21	8
	5/22–7/26	9
	7/27–11/13	10
	11/14–12/31	9
1972	1/1–4/12	9
	4/13–6/12	10
	6/13–8/21	11
	8/22–11/14	12
	11/15–12/31	11
1973	1/1–5/5	11
	5/6–7/3	12
	7/4–9/18	13
	9/19–11/15	14
	11/16–12/31	13

Year	Dates	Personology Period
1974	1/1–5/27	13
	5/28–7/25	14
	7/26–12/31	15
1975	1/1–6/18	15
	6/19–8/16	16
	8/17–12/31	17
1976	1/1–3/4	17
	3/5–4/19	16
	4/20–7/9	17
	7/10–9/7	18
	9/8–12/31	19
1977	1/1–2/27	19
	2/28–5/23	18
	5/24–8/2	19
	8/3–10/2	20
	10/3–12/31	21
1978	1/1–2/24	21
	2/25–6/23	20
	6/24–8/27	21
	8/28–11/1	22
	11/2–12/31	23
1979	1/1–2/17	23
	2/18–7/24	22
	7/25–9/24	23
	9/25–12/13	24
	12/14–12/31	25

土星表

SATURN TABLE

Year	Dates	Personology Period
1980	1/1–1/31	25
	2/1–8/23	24
	8/24–10/23	25
	10/24–12/31	26
1981	1/1–4/30	26
	5/1–7/9	25
	7/10–9/25	26
	9/26–11/29	27
	11/30–12/31	28
1982	1/1–4/8	28
	4/9–8/25	27
	8/26–10/29	28
	10/30–12/31	29
1983	1/1–1/21	29
	1/22–3/7	30
	3/8–10/3	29
	10/4–12/6	30
	12/7–12/31	31
1984	1/1–5/25	31
	5/26–8/30	30
	8/31–11/10	31
	11/11–12/31	32
1985	1/1–1/22	32
	1/23–4/22	33
	4/23–10/17	32
	10/18–12/21	33
	12/22–12/31	34
1986	1/1–7/4	34
	7/5–9/10	33
	9/11–11/28	34
	11/29–12/31	35
1987	1/1–2/7	35
	2/8–5/24	36
	5/25–11/6	35
	11/7–12/31	36
1988	1/1–1/10	36
	1/11–8/3	37
	8/4–9/25	36
	9/26–12/18	37
	12/19–12/31	38
1989	1/1–2/26	38
	2/27–6/20	39
	6/21–11/25	38
	11/26–12/31	39
1990	1/1–1/30	39
	1/31–9/4	40
	9/5–10/12	39
	10/13–12/31	40
1991	1/1–1/8	40
	1/9–3/17	41
	3/18–7/20	42
	7/21–12/14	41
	12/15–12/31	42
1992	1/1–2/17	42
	2/18–12/31	43
1993	1/1–1/24	43
	1/25–3/30	44
	3/31–8/26	45
	8/27–12/26	44
	12/27–12/31	45
1994	1/1–3/3	45
	3/4–5/20	46
	5/21–7/26	47
	7/27–12/31	46
1995	1/1–2/4	46
	2/5–4/12	47
	4/13–10/18	48
	10/19–12/25	47
	12/26–12/31	48
1996	1/1–3/9	48
	3/10–5/13	1
	5/14–9/26	2
	9/27–12/31	1
1997	1/1–2/5	1
	2/6–4/9	2
	4/10–6/22	3
	6/23–11/11	4
	11/12–12/31	3

土星表

SATURN TABLE

Year	Dates	Personology Period	Year	Dates	Personology Period	Year	Dates	Personology Period
1998	1/1–3/9	3	2003	1/1–5/5	12	2008	1/1–3/10	22
	3/10–5/8	4		5/6–7/5	13		3/11–6/25	21
	5/9–12/31	5		7/6–9/11	14		6/26–8/31	22
				9/12–12/9	15		9/1–11/5	23
				12/10–12/31	14		11/6–12/31	24
1999	1/1–4/5	5	2004	1/1–5/26	14	2009	1/1–3/1	24
	4/6–6/4	6		5/27–8/3	15		3/2–7/28	23
	6/5–12/6	7		8/4–10/8	16		7/29–9/29	24
	12/7–12/31	6		10/9–12/8	17		9/30–12/17	25
				12/9–12/31	16		12/18–12/31	26
2000	1/1–2/17	6	2005	1/1–6/18	16	2010	1/1–2/9	26
	2/18–4/29	7		6/19–8/16	17		2/10–8/30	25
	4/30–6/29	8		8/17–12/31	18		8/31–11/1	26
	6/30–12/1	9					11/2–12/31	27
	12/2–12/31	8						
2001	1/1–3/18	8	2006	1/1–6/11	18	2011	1/1–5/7	27
	3/19–5/23	9		6/12–9/9	19		5/8–7/19	26
	5/24–7/24	10		9/10–12/31	20		7/20–10/4	27
	7/25–12/3	11					10/5–12/9	28
	12/4–12/31	10					12/10–12/31	29
2002	1/1–4/12	10	2007	1/1–3/11	20	2012	1/1–4/11	29
	4/13–6/13	11		3/12–5/20	19		4/12–9/3	28
	6/14–8/17	12		5/21–8/5	20		9/4–11/8	29
	8/18–12/4	13		8/6–10/6	21		11/9–12/31	30
	12/5–12/31	12		10/7–12/31	22			

土星表

SATURN TABLE

Year	Dates	Personology Period
2013	1/1–2/13	30
	2/14–2/24	31
	2/25–10/14	30
	10/15–12/18	31
	12/19–12/31	32
2014	1/1–5/24	32
	5/25–9/14	31
	9/15–11/23	32
	11/24–12/31	33
2015	1/1–2/10	33
	2/11–4/17	34
	4/18–10/31	33
	11/1–12/31	34
2016	1/1–1/4	34
	1/5–6/26	35
	6/27–9/29	34
	9/30–12/11	35
	12/12–12/31	36
2017	1/1–2/25	36
	2/26–5/17	37
	5/18–11/19	36
	11/20–12/31	37
2018	1/1–1/24	37
	1/25–7/24	38
	7/25–10/19	37
	10/20–12/31	38
2019	1/1–3/17	39
	3/18–6/14	40
	6/15–12/10	39
	12/11–12/31	40
2020	1/1–2/13	40
	2/14–8/21	41
	8/22–11/5	40
	11/6–12/31	41

【付　表】

生まれたときの木星の位置（ラッキーポイント）によって生涯あなたにどんな幸運がもたらされるかがわかり、そこから「幸運の７週間」がはじきだされます。ここではその７週間について、すぐ本文にあたって解説が読めるように、48期それぞれの占める範囲と、期名を一覧にしました。本文パートⅠ「木星―幸運をもたらす惑星」であなたのラッキーポイントについて読み、あなたの人生に毎年訪れる「幸運の７週間」がわかったら、この一覧をレファレンスとして、７つの週の期番号を調べ、それぞれについて、本文パートⅠで詳しい解説にあたってください。

幸運の７週間とパーソノロジー48期

３月19日～24日	再生のカスプ（魚座-牡羊座カスプ）　１期
３月25日～４月２日	子どもの期（牡羊座１期）　２期
４月３日～10日	星の期（牡羊座２期）　３期
４月11日～18日	開拓者の期（牡羊座３期）　４期
４月19日～24日	力のカスプ（牡羊座-牡牛座カスプ）　５期
４月25日～５月２日	発現の期（牡牛座１期）　６期
５月３日～10日	教師の期（牡牛座２期）　７期
５月11日～18日	自然の期（牡牛座３期）　８期
５月19日～24日	エネルギーのカスプ（牡牛座-双子座カスプ）　９期
５月25日～６月２日	自由の期（双子座１期）　10期
６月３日～10日	新しい言語の期（双子座２期）　11期

6月11日～18日	探求者の期（双子座３期） 12期
6月19日～24日	魔法のカスプ（双子座–蟹座カスプ） 13期
6月25日～７月２日	共感の期（蟹座１期） 14期
7月３日～10日	型破りの期（蟹座２期） 15期
7月11日～18日	説得者の期（蟹座３期） 16期
7月19日～25日	振動のカスプ（蟹座–獅子座カスプ） 17期
7月26日～８月２日	権威の期（獅子座１期） 18期
8月３日～10日	バランスのとれた力の期（獅子座２期） 19期
8月11日～18日	リーダーシップの期（獅子座３期） 20期
8月19日～25日	露出のカスプ（獅子座–乙女座カスプ） 21期
8月26日～９月２日	組織の建設者の期（乙女座１期） 22期
9月３日～10日	謎の期（乙女座２期） 23期
9月11日～18日	ストレートに解釈する人の期（乙女座３期） 24期
9月19日～24日	美のカスプ（乙女座–天秤座カスプ） 25期
9月25日～10月２日	完全主義者の期（天秤座１期） 26期
10月３日～10日	社会性の期（天秤座２期） 27期
10月11日～18日	劇場の期（天秤座３期） 28期
10月19日～25日	演劇と批評のカスプ（天秤座–蠍座カスプ） 29期
10月26日～11月２日	強さの期（蠍座１期） 30期
11月３日～11日	深さの期（蠍座２期） 31期
11月12日～18日	魅力の期（蠍座３期） 32期
11月19日～24日	革命のカスプ（蠍座–射手座カスプ） 33期

11月25日～12月２日　独立の期（射手座１期）　34期
12月３日～10日　創始者の期（射手座２期）　35期
12月11日～18日　巨人の期（射手座３期）　36期
12月19日～25日　予言のカスプ（射手座-山羊座カスプ）　37期
12月26日～１月２日　支配者の期（山羊座１期）　38期
１月３日～９日　決意の期（山羊座２期）　39期
１月10日～16日　統治の期（山羊座３期）　40期
１月17日～22日　謎と想像力のカスプ（山羊座-水瓶座カスプ）　41期
１月23日～30日　才能の期（水瓶座１期）　42期
１月31日～２月７日　若さと安らぎの期（水瓶座２期）　43期
２月８日～15日　受容の期（水瓶座３期）　44期
２月16日～22日　鋭敏のカスプ（水瓶座-魚座カスプ）　45期
２月23日～３月２日　魂の期（魚座１期）　46期
３月３日～10日　孤独な人の期（魚座２期）　47期
３月11日～18日　ダンサーと夢見る人の期(魚座３期)　48期

運命事典《うんめいじてん》

2007年6月30日　初版発行

著者／ゲイリー・ゴールドシュナイダー

訳者／杉田七重《すぎたななえ》

ブックデザイン／榎本太郎《えのもとたろう》（NANABAI 7x）

発行者／井上伸一郎

発行所／株式会社角川書店
東京都千代田区富士見2-13-3　〒102-8078
電話／編集 03-3238-8555

発売元／株式会社角川グループパブリッシング
東京都千代田区富士見2-13-3　〒102-8177
電話／営業 03-3238-8521

http://www.kadokawa.co.jp/

印刷所／大日本印刷株式会社

製本所／大日本印刷株式会社

落丁・乱丁本は角川グループ受注センター読者係宛にお送りください。
送料は小社負担でお取り替えいたします。

Printed in Japan
ISBN 978-4-04-791546-6　C0098

1年366日、誕生日で“あの人”がわかる！

誕生日事典

ゲイリー・ゴールドシュナイダー
ユースト・エルファーズ
牧人舎＝訳

The Secret Language of BIRTHDAYS

本当のあなたが、
気になる人の本性が、
この一冊でまるごとわかる！

全米のオフィスに一冊はあるといわれる
大ベストセラー！
日本でも「コワイくらい当たる」と、
マスコミで話題に！

ISBN4-04-791351-0